数字人民币的法律监管与合规性研究

廖江艳◎著

中国商务出版社

·北京·

图书在版编目（CIP）数据

数字人民币的法律监管与合规性研究 / 廖江艳著.
北京：中国商务出版社，2024.6. -- ISBN 978-7-5103-
5450-2

Ⅰ. D912.285.4

中国国家版本馆CIP数据核字第2024BJ5236号

数字人民币的法律监管与合规性研究
SHUZI RENMINBI DE FALÜ JIANGUAN YU HEGUIXING YANJIU

廖江艳　著

出版发行：中国商务出版社有限公司

地　　址：北京市东城区安定门外大街东后巷28号　　邮　　编：100710

网　　址：http://www.cctpress.com

联系电话：010—64515150（发行部）　　010—64212247（总编室）
　　　　　　010—64515164（事业部）　　010—64248236（印制部）

责任编辑：徐文杰

排　　版：北京盛世达儒文化传媒有限公司

印　　刷：宝蕾元仁浩（天津）印刷有限公司

开　　本：710毫米×1000毫米　1/16

印　　张：11.75　　　　　　　　　　字　　数：200千字

版　　次：2024年6月第1版　　　　　　印　　次：2024年6月第1次印刷

书　　号：ISBN 978-7-5103-5450-2

定　　价：79.00元

前　言

随着科技的日新月异和全球数字化浪潮的推进，数字货币逐渐崭露头角，成为金融创新的前沿领域。在这一变革中，我国的数字人民币（e-CNY）以其独特的地位和影响力，引起了国内外的广泛关注。数字人民币不仅是金融科技创新的典范，更是我国央行对未来货币形态与金融体系的深思熟虑之作。然而，这一全新的货币形态也带来了一系列前所未有的法律和监管挑战。本书正是在这样的时代背景下应运而生，旨在深入探讨数字人民币在法律监管与合规性方面的诸多问题。

本书从数字人民币的基本概念出发，全面剖析了其法律基础、监管框架、合规性要求以及风险管理与风险防范等核心议题，希望通过系统性的研究和分析，为数字人民币的健康发展提供法律层面的支持和保障。同时，本书也深入探讨了数字人民币对金融市场的影响，以及在国际法律监管合作中的地位和挑战，旨在为相关决策者提供有益的参考。

在编写本书的过程中，作者力求语言流畅、逻辑清晰，以引起更多读者的兴趣。作者深知，数字货币是一个复杂且迅速发展的领域，因此，在研究中作者不断追求深入与精准，以期为读者提供最具价值的信息和洞见。

本书的特色在于其全面性和前瞻性。作者不仅详细解析了当前数字人民币所面临的法律和监管问题，还对其未来发展趋势进行了展望，并提出了相应的政策建议。这样的布局旨在帮助读者更好地把握数字人民币的全貌，从而做出更为明智的决策。

　　虽然本书已经尽力做到全面和深入，但由于数字货币领域的复杂性和多变性，书中难免存在不足之处。因此，恳请广大读者，特别是那些对数字货币有深入研究的学者和从业人员，提出宝贵的意见和建议。

　　最后要强调的是，数字货币时代的到来，不仅意味着金融体系的变革，更代表着整个社会经济运行方式的转型。在这个过程中，我们每一个人都是见证者、参与者，也是推动者。希望本书能为大家在这个变革的时代中提供一盏指路明灯，引领我们共同迈向一个更加繁荣、高效的未来。

作　者

2024.5

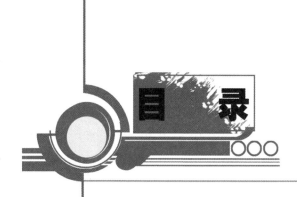

目　录

第一章
数字人民币概述

第一节　数字人民币的定义与特点

一、数字货币和传统货币的区别

数字货币与传统货币的区别涉及多个层面，包括经济属性、发行管理、交易方式、安全性质以及对经济系统的影响等。

从经济属性的角度看，数字货币，尤其是由中央银行发行的数字货币是法定货币的数字形式，这意味着它具备法定货币的所有特征，包括强制使用权、无限法偿性等。与之相对的是，传统货币通常指纸币和硬币，它们在物理形态上为人们所熟悉。数字货币的出现是金融技术革命的产物，它利用现代密码学技术保障交易安全，依托网络进行电子化的流转，省去了物理形态，从而极大地提高了货币流通的便捷性和效率。

从发行管理的角度看，数字货币由中央银行直接发行和管理，这在一定程度上改变了传统的货币发行和流通体系。中央银行通过电子方式直接向公众发行数字货币，可以实时监控货币流通情况，有效预防金融风险并进行宏观调控；传统货币的发行与回收则通过商业银行等金融机构间接进行，这中间可能涉及更多的环节和成本。

从交易方式的角度看，数字货币支持线上交易和离线支付，减少了传统货币交易中所需的物理接触，适应了现代社会对于非接触、远程交易的需求。此外，数字货币的交易可以实现更高程度的匿名性，而这也引发了一些关于反洗钱

（AML）和反恐融资（CFT）的法律与监管问题。

从安全性质的角度看，安全性质是数字货币与传统货币差异的另一个重要方面。数字货币采用先进的加密技术保障交易安全，防止信息泄露和伪造。相比之下，传统货币容易遭到物理损害和伪造，且难以追踪，然而，数字货币也面临着网络攻击和系统故障等技术性风险。

从对经济系统影响的角度看，数字货币大幅改变了货币政策的传导机制，提高了政策的实施效率。它允许政府和中央银行直接向消费者提供货币，这在某些情况下可以更有效地刺激经济，然而，这也可能给商业银行的存款构成和信贷业务带来冲击，因此需要金融监管当局审慎评估并设计相应对策。

二、数字人民币的定义及技术基础

数字人民币（Digital Currency Electronic Payment，DCEP）是由中国人民银行发行的、定位于现金类支付凭证（M0）的数字形式的法定货币。它采用先进的技术手段，支持可控匿名和银行账户松耦合功能，并通过中心化管理、双层运营的模式发行和运营。

数字人民币的技术基础主要涉及其底层技术设计、运行机制以及与传统电子支付工具的技术区别。数字人民币作为中国人民银行发行的法定数字货币，它的技术架构是保证其安全、高效运行的关键。核心技术包括双层运营系统、区块链技术应用、数字钱包以及相关的加密技术等。

在双层运营系统中，中国人民银行首先将数字人民币发行给商业银行或其他运营机构，然后由这些机构将数字货币分发到消费者手中。这种双层体系设计有效地连接了中国人民银行与普通用户，既保持了中国人民银行对货币发行的中心控制权，也利用了商业银行的服务网络，提高了数字货币系统的操作效率和可达性。

关于区块链技术的应用，虽然数字人民币采用了部分区块链技术以提高交易的透明程度和追踪能力，但它并非完全依赖于区块链。中国人民银行采取的是一种中心化的管理模式，这与多数去中心化的数字货币（如比特币）形成了鲜明对比。这种中心化的技术架构不仅有助于快速处理大量的交易，同时能有效防控金融风险、保持金融系统的稳定。

数字钱包则是用户接触数字人民币的主要界面，是数字人民币存储和交易的工具。它像一个传统钱包一样，为用户提供一个方便、安全的数字资产管理工具。用户通过数字钱包可以完成多种操作，如充值提现、转账支付等。同时，数字钱包也具有身份认证功能，确保每一次交易的安全性。

数字人民币的加密技术是其技术基础的另一重要组成部分。为了确保交易的安全性和保护用户的隐私，数字人民币系统采用了先进的加密技术。加密技术不仅保证了数据传输的安全，防止信息被窃取或篡改，而且通过匿名处理技术，平衡了用户隐私保护与反洗钱、反恐融资等合规要求之间的关系。

此外，考虑到系统效率和稳定性，数字人民币的技术架构也专门优化了大规模并发处理能力。以往的金融系统多在处理高峰时段出现瓶颈问题，数字人民币通过优化算法和硬件配置大幅提高了处理交易的速度，短时间内可以处理海量的交易请求，有效缓解系统压力。

三、货币属性与法定地位

从货币属性上讲，数字人民币是以中国人民银行发行的数字货币的形式存在的，具有完全的法定货币属性，也是人民币数字化的表现形式。其不仅继承了传统法定货币的基本属性，如法偿性和强制流通性；也具备数字货币的特点，如交易与转账的便捷性、匿名性以及高效率等。

从法定地位上讲，数字人民币作为法定货币的电子形式，自然拥有法定货币的所有法律地位和使用范围。根据中国现行法律，人民币包括纸币和硬币，而数字人民币是同等法律地位的电子货币。数字人民币的法定地位意味着任何单位和个人不得拒绝使用数字人民币进行公共支付和债务清偿。这与传统的法定货币有着相同的法律效力，保障了数字人民币的被广泛接受和正式流通。

四、可追踪性与匿名性

数字人民币的设计理念之一是"小额匿名，大额可追溯"，这一政策在既保障交易安全又尊重个人隐私的双重目标驱动下保持平衡。这种设计不仅回应了现代社会对金融安全和个人隐私权的关注，还体现了对法律监管需求的兼顾。

可追踪性是指在必要的情况下，相关法律和监管部门能够追踪到数字人民币交易的源头和去向。这一特性主要目的是防止和打击洗钱、资助恐怖主义、税务欺诈等非法行为。通过特定的技术手段，如区块链与大数据分析等，数字人民币系统可以对涉事的大额交易进行有效监管，确保每一笔交易的合法性和安全性。例如，在交易金额超过规定的阈值时，系统将自动报告给监管机构进行进一步的核查和审查。

与此同时，匿名性保护了用户的隐私。在日常的小额支付中，数字人民币提供了一定程度的匿名性，用户的身份信息不会被无条件披露。这意味着除非涉及法律规定的特定情况，否则交易双方的身份信息和交易细节不会轻易被第三方知悉。这种设计帮助用户保障个人数据安全，避免个人信息的无端泄露，减少了因信息泄露可能产生的诈骗和身份盗用等风险。

然而，可追踪性与匿名性的平衡也带来了一系列的法律与技术挑战。在法律层面，如何在不侵犯公民个人隐私的前提下，合理利用数字人民币的可追踪功能，是监管机构必须面对的问题。此外，法律对数字人民币的监管规范需要不断更新以适应数字货币的发展和技术的迭代。在技术层面，怎样在保证交易数据的真实性和完整性的同时，确保个人信息的匿名性，这需要通过前沿的加密和安全技术来实现。

数字人民币的双重特性，对国内外的金融监管环境和个人信息保护法规均提出了新的挑战和要求。比如，在跨境交易中，数字人民币的可追踪性如何与其他国家关于个人数据保护的法规相协调，是一个需要国际法律合作和多边讨论的议题。而匿名性的保护也考验着国内法律对数字隐私权的界定和保护水平。

五、交易速度与成本

在交易速度方面，数字人民币利用先进的数字技术，如区块链技术，实现了交易数据的即时处理和实时更新。这种高效的数据处理能力使得每笔交易都能在短时间内完成验证和结算，大大提高了交易速度。相较于传统的金融交易系统，如通过银行间转账和清算系统进行的交易，数字人民币能够几乎实时完成交易确认，从而显著缩短资金清算周期，提高金融市场的流动性和效率。

在成本方面，数字人民币的实施减少了传统金融交易中多层次的中介机构参与，如银行、清算中心等。这种去中介化的特性降低了交易成本，减少了对中介机构的依赖，从而降低了手续费和其他相关费用。此外，数字人民币的操作和维护依赖于电子设备和网络，与传统的实体经营网点（如银行分行）相比，维护成本较低。通过这种高效且成本较低的交易方式，数字人民币对商业活动的促进作用十分显著。企业和消费者可以更加便捷地进行支付和资金调度，提高经济活动的速度和效率。同时，这也促进了小微企业及个体经营者的市场接入，由于交易成本的降低，这一群体可以更容易地承受频繁的小额交易，从而激励包括电子商务和在线服务在内的新业态的增长。

尽管数字人民币在交易速度和成本方面表现出许多优势，但这也引出了一些必须注意的风险和挑战。例如，对数字系统的安全性和抗攻击能力要求极高，任何的技术漏洞或黑客攻击都可能导致重大的金融风险。此外，这种快速交易系统也需要一个健全的法律和监管框架来确保操作的透明性和公正性，以及用户隐私和数据保护的安全。

从较长远的视角来看，数字人民币的交易速度和成本优势有潜力重塑全球支付系统。随着技术的不断进步和法律监管的完善，数字货币能够在全球范围内提供更为高效和低成本的交易解决方案。这不仅会加深现有金融市场的整合程度，还可能催生新的国际货币合作模式，促进全球经济一体化。

因此，数字人民币在交易速度和成本方面的表现，不仅是技术进步的结果，更是其广泛应用和推广的重要推动力。为了充分发挥数字人民币的这些优势，需要持续优化其技术平台，强化安全措施，并构建一个全面、细致的法律和监管框架，来应对可能的风险和挑战。

六、安全性与防伪技术

在当前金融科技快速发展的背景下，科技的创新为数字货币的防伪技术提供了强大的支持，然而，也带来了众多挑战，尤其是在确保交易安全、防止财务欺诈以及防止洗钱等方面。因此，数字人民币的安全性和防伪技术的有效实施，是确保其被广泛接受和健康运行的关键。

在安全性方面，数字人民币采用了多层级的安全策略，其中包括物理安全、网络安全及应用安全等多个方面。物理安全涉及用于存储、处理和传输数字人民币的所有物理设备和基础设施的安全保护措施；网络安全则确保所有通过网络进行的交易和数据传输都能抵抗外部攻击和内部滥用，使用复杂的加密技术来保障数据传输过程的安全和数据本身的完整性；应用安全主要涉及数字人民币应用程序自身的安全设计，确保软件设计无后门，且在设计上能有效防范各种安全威胁。

在防伪方面，数字人民币使用了先进的加密技术，包括非对称加密、数字签名等技术，这些都是确保交易真实性和防止数据被篡改的重要技术手段。每一笔数字人民币的交易都会被加密和记录在不可篡改的分布式账本上，每个交易的真实性和完整性都可以通过数字签名进行验证。这种基于区块链技术的账本管理不仅增强了安全性，还提高了透明度和可追溯性。

此外，为了提升用户识别能力并预防潜在的安全威胁，数字人民币的系统中还引入了生物识别技术，如指纹识别、面部识别等先进技术。这些技术可以有效提高用户身份验证的安全性，并减少身份盗用的风险。同时，智能合约的运用进一步增强了数字人民币的安全性，使得合约的执行完全自动化，并确保其在整个过程中的正当性和合规性。

综合来看，数字人民币的安全性和防伪技术涵盖了从物理到网络，再到应用程序的全方位保护。这种综合性的安全策略不仅是对技术挑战的回应，也是对外部安全威胁的前瞻性防御。当然，随着科技的进步和攻击技术的发展，数字人民币的安全策略和防伪技术也需要不断更新和迭代，以应对新的安全威胁和挑战。这要求相关的技术研发和监管框架能够保持灵活性和前瞻性，以保障数字人民币的安全和稳定运行。

这样全面的安全和防伪措施，不仅能够有效保护用户的财产安全，增强用户对数字人民币的信任，也为整个金融体系的稳定提供了有力的保障。

七、兑换机制与流通方式

数字人民币的兑换机制主要涉及其与传统法定货币之间的兑换关系，而中国人民银行确保数字人民币与人民币具有等值性，一比一的兑换比例不仅保证了公众的兑换便利性，也强化了人民币的货币信用和稳定价值。用户可以通过授权的银行或特定的数字钱包应用程序，轻松地将其持有的储蓄或现金转换为数字人民币，反之亦然。这种兑换机制简化了数字货币的获取和使用过程，使得数字人民币能够无缝地融入人们的经济活动中。

在流通方式上，数字人民币采用双层运营体系，这意味着中国人民银行首先将数字人民币发行给商业银行或其他金融机构，然后由这些机构分发到最终用户手中。这种模式不仅充分利用了现有的金融系统和资源，还能有效控制货币流通中的风险。数字人民币的流通不依赖于传统的物理介质，其通过数字钱包进行传输和交易，大大提高了交易速度和便捷性。同时，这也提高了跨境支付的效率，使得数字人民币在国际贸易中的应用成为可能。

值得注意的是，数字人民币的流通也受到严格的监管，以防范可能的金融风险和经济犯罪。例如，交易的匿名性被适当限制，所有的交易信息需经过加密处理，同时确保资金流与信息流的安全。此外，中国人民银行也设立了反洗钱和反恐融资的监控系统，对所有的资金流向进行全面监控，确保数字人民币不被用于非法活动。

具体到消费者使用层面，数字人民币支持线上线下支付，与现有的移动支付服务（如支付宝和微信支付等）相互补充。例如，在超市、餐馆甚至一些小微企业，消费者只需通过手机应用中的扫一扫功能，即可完成支付，既简便又快捷。此外，考虑到部分地区网络基础设施可能不健全，数字人民币设计了可以在无网络状态下进行的"触碰式"支付方式，保证在任何情况下用户的支付需求均能得到满足。

第二节　数字人民币与传统电子支付的比较

一、传统电子支付方式概述

传统电子支付方式自诞生以来，已逐渐融入人们的日常生活，成为现代社会支付交易方式的重要组成部分。与现金支付相比，电子支付具备安全快速、成本较低等显著优势，引领了支付方式的变革。电子支付方式广泛包括信用卡、借记卡、网银以及第三方支付平台等多种形式。

信用卡和借记卡为银行卡支付的主要方式，依托银行的庞大网络和信用体系，保障交易的安全性与便捷性。用户通过银行卡进行交易时，交易信息通过加密传输到银行服务器，由银行完成金额的扣除与转账操作，这种模式增强了交易的安全性，减少了现金流通带来的风险。

网银则是因互联网的普及而兴起的支付方式，它允许用户通过互联网直接访问银行账户，进行转账汇款、账单支付等操作。网银的便捷性体现在用户无须前往银行柜台，即可完成绝大多数银行交易，大大节约了用户的时间和经济成本，然而，网银的安全问题也时常成为用户关注的焦点。针对这一问题，银行和技术提供商持续强化网络安全技术和用户认证流程，以确保资金的安全。

第三方支付平台（如支付宝、微信支付）则是近年来兴起的一种创新支付模式。与传统银行卡和网银支付不同，第三方支付更加强调移动端的应用，支持用户通过智能手机进行支付。这种模式的便捷性在于用户仅需绑定一张银行卡或预存余额，即可随时通过手机完成支付，极大地满足了移动互联网时代用户的需求。同时，第三方支付平台利用大数据和云计算技术，为用户提供个性化的金融服务，如消费信贷、理财产品等，这不仅丰富了用户的支付体验，也为平台带来了巨大的经济价值。

二、数字人民币的核心技术特点

数字人民币作为中国人民银行发行的数字货币，其核心技术特点主要体现在以下四个方面。

第一，双层运营体系是数字人民币运行的核心架构之一。在这一体系中，中国人民银行首先向各商业银行及其他运营机构发行数字人民币，然后由这些机构发放给公众。这种模式不仅保证了中国人民银行对货币发行的中央控制权，也利用了商业银行在资源、技术和客户服务方面的优势，使得数字人民币的推广与应用更为高效和广泛。此外，双层运营体系能有效减轻中国人民银行的运营压力，分散系统风险并提升货币发行与回收的灵活性。

第二，可控匿名性是数字人民币设计中的另一大特点。与传统的电子支付方式如银行卡支付及支付宝、微信支付等相比，数字人民币在保护用户隐私和防止金融犯罪方面做了更为精细的设计。数字人民币允许在小额支付和日常交易中提供一定程度的匿名性，但在大额交易和可疑交易情况下，相关金融监管机构可以通过技术手段进行追踪和审核，确保其遵守法律法规及金融安全。

第三，智能合约的支持让数字人民币不仅仅是一个简单的支付工具。通过与区块链技术的结合，数字人民币可以实现自动执行的智能合约功能，促进了其在各种金融场景（如供应链金融、保险、租赁业务等）中的应用。智能合约的使用可以大大提升交易的效率和透明度，降低发生欺诈行为的风险，同时也为数字人民币提供了进入复杂金融业务的可能。

第四，数字钱包的使用是数字人民币日常运用的一个重要方面。用户通过数字钱包存储和管理自己的数字人民币，和使用传统电子支付方式类似，但在安全性和功能性方面有所提升。数字钱包支持多种身份认证方式，如生物识别、手机验证码等，确保用户账户安全。此外，数字钱包还能实现跨境支付、自动化支付等多种灵活的支付场景，适应不同用户的需求。

这些技术特性使数字人民币在确保金融安全、提高支付效率和增进金融包容性方面显示出独特优势，同时也对现有金融监管体系提出了新的挑战和要求。

三、交易安全性对比

数字人民币是采用了国家背书的电子货币形式，不同于一般的商业银行账户电子货币，其通过中国人民银行发行和管理，拥有更高的安全和信用保障。中国人民银行的直接参与确保了货币的稳定性和安全性，这是普通电子支付方式难以比拟的。在技术实现方面，数字人民币利用了区块链技术中的加密技术，如非对称密码和签名算法，这些技术能够有效防止交易信息被篡改和伪造。

传统电子支付方式如银行卡支付、网络支付等，虽然在交易过程中也会使用各种加密技术，但因为涉及多个服务商和中介，如电子支付平台、商业银行等，这些交易节点增加了数据泄露的风险。每一个环节都可能成为安全漏洞，尤其是在跨平台、跨地域的交易中，信息安全风险相对较高。

此外，传统电子支付方式常常依赖于用户的账户与密码体系，而这种体系的安全性往往依赖于用户自身的保护意识与习惯。用户的密码设置强度不够、密码共享习惯等都可能导致安全漏洞。相对而言，数字人民币作为中国人民银行发行的数字货币，其安全措施更为严格，不仅在用户身份验证上采用了更为先进的生物认证技术，如指纹和面部识别等，大幅提高了安全性，而且在交易过程中实行了更严格的监控和管理。

从监管层面来看，数字人民币受到的法律和监管保护远超一般的电子支付工具。中国人民银行的直接监管使其操作的透明度和合规性得到了充分保障，从而极大地增强了系统的整体安全性。而传统电子支付方式由于参与方众多，监管相对分散，各类支付工具之间的法律适用和执行标准可能存在差异，这对于维护交易安全构成一定挑战。

风险防范机制也是衡量交易安全的一个重要维度。数字人民币在设计之初就充分考虑到了风险防范，实行了严格的大额交易报告制度，有效防止了洗钱和其他金融犯罪行为。而传统电子支付系统虽然也有类似监控措施，但由于交易特征的多样性和监管技术的局限性，仍存在一些监控盲点。

四、用户隐私保护机制

用户隐私在数字人民币系统中的保护主要体现在以下四个层面。

第一个层面是"可控匿名性"。中国人民银行和设计数字人民币的政策制定者明确指出，虽然数字人民币支持部分匿名处理交易，但这种匿名性是有条件的。即用户的身份信息对普通商业银行和交易对手是不可见的，但对于监管机构（如中国人民银行）是透明的，以防止和打击洗钱、恐怖融资等非法行为。这种设计既满足了日常小额支付的便利性和隐私需要，同时也确保了在涉及大额交易和可疑交易时可以通过合法途径追踪资金流向。

第二个层面是关于数据保护和加密技术的应用。数字人民币利用先进的密码技术，如非对称加密、数字签名等手段来保证交易数据的安全和完整性。交易数据在传输过程中会被严格加密，保障数据在互联网传输过程中不被截获或篡改。此外，数字人民币系统采用的是分布式账本技术，这意味着数据被分散存储在多个节点之中；相比集中式存储，这种方式增加了数据被非法获取的难度，增强了系统的整体安全性。

第三个层面是关于用户认证和权限管理。数字人民币系统中，用户在注册和使用数字钱包时需要进行实名认证，这一点与传统电子支付方式类似。而区别在于数字人民币系统中对用户访问权限有着更为细致的管理，如在不同的使用场景下，系统可能要求用户提供不同级别的认证信息。同时，用户的操作权限也会根据其账户的安全等级和认证信息动态调整，以减少潜在的风险。

第四个层面是法律和政策。我国政府制定了严格的法律以规范数字人民币的运行，并保护用户的隐私权。相关法律不仅涉及金融监管，还涉及数据保护。例如，相关政策强调任何机构和个人不得非法收集、使用、处理或传输数字人民币用户的个人信息，违者将受到法律追究。

在未来的发展中，随着技术的进步和市场需求的变化，数字人民币的用户隐私保护机制可能会继续优化和升级。这包括更高效的加密技术的应用、更灵活的隐私保护策略的设计以及更严格的法律法规的制定与执行。通过这些措施，可以有效地平衡监管需求和个人隐私保护，推动数字人民币的健康和可持续发展。

五、交易效率与成本

从交易效率的角度考虑，数字人民币作为一种法定数字货币，其最大的优势之一在于其交易效率。它能够实现跨行、跨地区甚至跨国的即时支付，无须经过多层清算和结算机构的处理，这极大地提升了交易的速度。对于企业及个人用户而言，这意味着更快的资金流转速度，可以在短时间内完成大规模的资金调配，提高资金的使用效率。此外，数字人民币支持的微额支付和离线支付功能，进一步提高了其在日常小额交易中应用的便捷性和广泛性。

从成本的角度考虑，数字人民币减少了因传统电子支付方式需要的多重中介机构而产生的费用。传统电子支付方式，如银行卡支付、网络支付等，往往涉及银行、支付网关等第三方服务提供者，每一环节都可能产生手续费。而数字人民币的操作无须通过这些中介机构，能够直接由支付者向收款者转账，大幅降低交易成本。此外，数字人民币通过其高级加密技术减少了交易过程中的欺诈风险，相比传统电子支付方式，能够有效降低风险管理成本。

数字人民币的设计亦支持更为广泛的监控和管理能力，可以为政府和金融机构提供精确的数据支持，助力宏观经济政策的制定和调整。在监管成本上，这种集成的数据处理与实时监控能力，使得相关部门能够有效地追踪货币流动，减少对大规模监控体系的额外投资。

然而，投入在数字人民币的开发和维护上的前期成本不容忽视。数字人民币所采用的区块链技术需要高昂的技术研发费用和系统维护费用。尽管从长期来看，这种自主化和数字化的货币体系可能会降低运营成本，但初始阶段的技术投入和用户培训仍是一笔不小的开支。此外，为了确保数字人民币系统的稳定运行和安全防护，相关的技术更新与安全升级也需要持续的资金支持。

总之，数字人民币在交易效率和成本方面相较传统电子支付具有明显优势。它通过技术创新提供了更高的交易速度和更低的结构成本，这对于推动金融市场的更广泛和深入的合作、提升整体经济的效率具有重大意义。

六、监管与法律框架差异

数字人民币与传统的电子支付方式虽然在表面上都提供了电子化的金融交易解决方案，但在监管与法律框架上存在显著差异。数字人民币作为中国人民银行发行的法定货币的数字形态，直接由国家信用担保，这决定了其在法律和监管框架上的独特性。

与普通的电子支付工具相比，如银行电子转账服务或第三方支付平台，数字人民币的监管框架更为复杂和全面。一方面，数字人民币受到我国货币政策和金融监管的直接影响；另一方面，它也需要适应与国际金融标准接轨。这种双重监管需求，使得数字人民币在设计和实施过程中需要考虑多层次的法规需求和合规性标准。

电子支付工具通常由商业银行或第三方支付公司运营，这些机构受到相对明确的范围和方式的监管。例如，它们需要遵守反洗钱法律、客户身份识别（KYC）程序以及支付服务法律等。数字人民币则涉及更广泛的法律问题，包括货币发行法、金融安全法、电子货币管理条例等。因此，监管构架的设计需求不仅旨在确保交易安全、防止金融犯罪，更在于通过稳健的法律支撑保证数字货币系统的稳定运行和被广泛接受。

此外，数字人民币的法律框架设计还须处理与传统电子支付方式不同的隐私保护问题。因为中国人民银行能够追踪所有数字人民币的流通和交易，所以如何在有效监管与保护个人隐私之间找到平衡点，是设计中必须仔细权衡的问题。这包括制定详细的数据保护规则，确保用户信息安全，同时不妨碍货币政策的实施和适应金融监管的需要。

数字人民币还必须考虑跨境支付和国际合作的监管框架。随着数字货币的国际化步伐加快，如何在不同国家和地区之间建立有效的合作和监管机制，保证数字人民币的合法性和效率，也是法律框架设计必须考虑的重要方面。这不仅涉及双边或多边的法律协议和合作框架，也可能影响全球金融治理结构的调整。

通过对比数字人民币与传统电子支付方式的监管和法律框架，可以明显看出前者因其国家货币的属性及其涉及范围之广泛，使得其法律和监管要求更为严格和复杂。监管机构需要不断更新其法规和技术，以应对新兴的挑战，确保数字人民币能够在为公众提供便利的同时，保证金融体系的安全稳定和健康发展。而这一切都离不开一个全面而深入的法律监管框架的支撑。这种深入的探讨不仅有助于推动数字人民币的健康发展，也为相关政策制定者、学者提供了宝贵的参考。这样综合和系统的视角，有助于我们更全面地认识和理解数字人民币在当前全球金融体系中的作用和未来的发展方向。

七、对经济与社会的广泛影响

数字人民币的推广和广泛应用，不仅是支付方式的一种革新，更是整个经济社会运行模式的重大变革。这种变革体现在多个层面，例如金融市场的流动性管理、消费者支付习惯的改变，以及国家货币政策的执行效率等。

在金融市场流动性管理方面，数字人民币的引入使得货币供应和流动性控制更为精确，中国人民银行能够实时监控货币流通速度和规模，有效预防和应对可能的金融风险。例如，通过数字货币系统，政府能够实时获取交易数据，这有助于更精准地制定或调整货币政策，以应对经济波动。此外，数字人民币还能够提高资金的使用效率，减少因现金管理而产生的成本和风险，从而提高整个金融系统的运行效率。

在消费者支付习惯方面，数字人民币作为一种便捷、安全的支付方式，正逐渐改变人们的消费行为和支付习惯。它的使用不需要经过传统的银行账户，减少了交易的时间和成本，更加方便快捷。同时，由于数字人民币具备法定货币的属性，它的安全性及其背后的法律保障也使得消费者更放心地使用。随着技术的不断进步和应用的不断普及，越来越多的消费者选择数字人民币作为主要的交易工具，这将进一步促进无现金社会的形成。

对于国家货币政策的执行效率来说，数字人民币提供了一个更为直接和高效的政策执行工具。政府可以利用数字人民币直接对经济进行干预和调控，如通过数字货币实现对特定行业或群体的财政支持，或者实施更为精细化的税收政策。此外，数字货币的追踪功能可以有效防止税收漏洞和非法交易，提高整个国家经济系统的透明度和公平性。

此外，数字人民币在国际贸易中同样展现出其独特的优势。它能够简化跨境付款流程，降低交易成本，增强跨国商贸活动的便利性。同时，随着数字人民币的国际化，还将有助于提升人民币的国际地位，增强其在全球经济中的竞争力。在一定程度上，数字人民币的国际应用也将为国际货币体系带来新的变革和机遇。

第三节　数字人民币的发展背景与意义

一、全球经济数字化趋势

全球经济数字化是当今时代的重要趋势，正在对全球金融市场及其相关法律监管体系产生深远影响。在此背景下，数字人民币的发展背景与意义凸显其在全球经济数字化中所扮演的重要角色。随着科技的迅猛发展，尤其是信息技术的广泛应用，数字经济已成为驱动全球经济增长的新引擎。在这一全球性变革中，法定货币数字化成为国家金融战略的一个关键方向，而数字人民币作为中国在此方向上的重要布局，不仅代表着技术进步的成果，也是对现有金融体系的一种补充和优化。

数字化不仅是简单的技术转变，还重新定义了货币的存储、流通和交易方式，这一切都需要在法律的框架下进行严格的规范和监管。数字人民币的设立，从宏观上讲，是对我国金融体系适应经济全球化和信息化发展的一种积极响应。它不只是技术的一次升级，更是金融监管模式和国际金融环境互动的一个重要窗口。这种全新的法定货币数字化形态，对优化支付系统、提高资金流转效率、降低交易成本具有重要意义，并且提高了货币政策的透明度和执行效率。

从国际角度分析，随着全球数字货币的兴起，主权国家之间在金融科技领域的合作与竞争日趋激烈。在这一过程中，数字人民币的发展不仅展示了中国在全球金融科技革命中的活跃角色，也对国际金融市场的规则和运作模式提出了新的挑战。例如，跨境支付的效率和成本问题，以及如何在保护消费者隐私和防止金融犯罪的同时，推进数字货币的国际化使用，都是数字人民币需要在国际法律框架中探讨的问题。

此外，数字人民币的推广使用亦带来了对传统银行业务模式的冲击。银行作为传统金融体系的核心，其业务运作和盈利模式可能因数字货币的普及而面临重塑。这不仅会影响银行业的竞争格局，还可能促使更多金融机构进行技术革新和业务创新。因此，数字人民币的法律框架设计需要综合考虑金融稳定、风险控制、市场公平及消费者权益保护等多方面因素，确保其健康有序地融入现有金融体系。

数字人民币的发展还凸显了数字技术与金融安全之间的紧张关系。在推广数字人民币的过程中，如何处理好数据安全与隐私保护，防止网络攻击和金融欺诈行为，是摆在监管者面前的一大挑战。这不仅关系到货币政策的有效实施和金融市场的稳定运行，更直接关系到个人和企业的利益安全。因此，能否建立一个全面、细致的法律监管框架，是数字人民币发挥其经济价值和社会功能的关键。

通过上述分析可以看出，数字人民币的发展背景与意义深刻地体现在对全球经济数字化趋势的适应与引领中。数字人民币的推出不仅是对传统货币体系的一次重要补充，更是中国金融科技实力的一次全面展示。未来，随着这种新型数字货币体系的逐步成熟与完善，其在全球金融舞台上的作用将更加凸显，也将更好地促进国际金融市场的健康发展。

二、中国货币政策的演变

我国的货币政策自改革开放以来经历了多次重要的调整和发展，这些变化不仅体现了国家宏观经济调控的需要，也反映了国际经济环境的影响和国家发展战略的转变。早在1978年改革开放之初，我国的货币政策主要是支持国家的工业化和经济现代化建设。当时的政策着重于扩张性的财政支出和货币供应，以刺激经济增长和解决就业问题。

进入20世纪90年代，随着市场化改革的深入和对外开放的扩大，中国政府开始逐步实施更为稳健的货币政策。这一时期的货币政策调整重点在于控制通货膨胀、稳定货币的价值，并促进经济结构的优化升级。政府采取了一系列措施来调控货币供应量，包括提高存款准备金率、调整利率政策，以及实施差别信贷政策等。这些政策的实施有效地抑制了物价的上涨，维护了经济的健康稳定发展。

2000年以后，尤其是加入世界贸易组织后，中国经济进一步融入全球化的大潮中。这一时期的货币政策更加重视对外平衡和金融市场的稳定。2005年开始实行的汇率市场化改革，使得人民币汇率形成机制更加市场化，国内的货币政策调整也需要考虑到汇率变动对国内经济的影响。

随着2008年全球金融危机的爆发，我国货币政策的调整进入了一个新阶段。政府实施了一系列积极的财政政策和适度宽松的货币政策，以应对国际金融市场的冲击，保持经济增长的稳定。例如，下调存贷款利率、减少存款准备金率、实施定向降准等措施，都是为了增强金融机构的资金实力、扩大信贷投放及刺激内需和消费。

2010年以来，我国开始积极推动货币政策的精细化和智能化管理，重视运用多种货币政策工具来调节经济运行。这一时期，中国人民银行更加注重利用公开市场操作、利率走廊等手段控制流动性，引导货币市场利率保持在合理水平，同时加强金融监管，防范系统性金融风险。

最新阶段是数字货币的探索与实践。以数字人民币的研发和试点为代表，标志着中国货币政策的创新迈入了新的阶段。数字人民币的推出旨在提高流通效率、降低交易成本、增强金融服务的普惠性，同时加强支付系统的安全性和防范金融风险。通过数字人民币的应用，可以更精准地执行货币政策，同时监管能力和效果也将得到提升，这对于国家货币政策而言是一个重大的发展和突破。

三、金融科技的发展推动

金融科技，英文简称"FinTech"，涉及的技术包括区块链、大数据、云计算和人工智能等，这些技术的应用不仅提升了金融服务的效率和便捷性，也重塑了金融市场的结构和运作方式。在数字人民币的发展过程中，金融科技发挥了不可或缺的作用，它为数字货币的产生、流通以及监管提供了技术支撑和创新方向。

区块链技术是数字人民币发展中的核心技术之一。它以去中心化、数据不可篡改和可追溯性的特点，确保了数字人民币交易的安全性和透明性。通过这项技术，每一笔交易都能被有效记录，并且对所有使用者公开，这无疑提高了监管部门对市场活动的透视能力和预防金融风险的能力。此外，区块链技术的引入也帮助减少了交易成本，使数字人民币的交易更加高效。

大数据技术的应用则提供了对巨量交易数据的分析能力。在数字人民币的监测和管理中，大数据可以帮助监管机构实时监控货币流通情况，分析并预测市场趋势。这对于保持金融市场的稳定，防止和处理金融欺诈行为具有重要意义。大数据不仅可以提升数字人民币的流通效率，还能增强其防范系统风险的能力。

云计算则为数字人民币提供强大的存储和计算平台。通过云平台，所有交易和数据都可以在网络上得到安全存储和高效处理。这样不仅增强数字人民币系统的稳定性和扩展性，也为用户提供了更为便捷和安全的服务。此外，云计算环境下的弹性伸缩功能，能够根据系统负载自动调整资源，这为应对大规模并发交易提供了保障。

人工智能技术在数字人民币的合规与监管领域同样扮演着重要角色。通过利用机器学习算法，可以对交易模式进行智能分析，及时发现异常交易行为，有效遏制洗钱和其他金融犯罪活动。此外，人工智能也能够为用户提供更贴心的服务，例如，通过智能分析用户的消费习惯和偏好，为其推荐更合适的金融产品。

金融科技不仅在国内金融环境中发挥作用，其跨境应用也促进了国际合作与监管。随着数字人民币面向国际市场的拓展，金融科技的国际标准化和规范化显得尤为重要。这要求全球各国监管机构加强合作，共同推动金融科技及其在数字货币领域的应用标准制定。这种国际合作不仅有助于解决跨境支付的监管问题，也有助于构建一个更为安全、高效的国际金融环境。

四、法律和政策环境的适应

数字人民币的设计和运行必须在现有的法律框架内进行动态的调整和优化。由于其具有法定货币的地位，其相关的法律、法规需要明确数字人民币的法律地位和使用范围，保证其在金融系统中的正当性和安全性。比如，在数字人民币的发行、流通、监管等方面，必须有清晰的法律指导和政策支持，以应对可能出现的各种法律问题和风险挑战。

在法律适用方面，需要对现有金融法律进行必要的修订或制定新的法规来适配数字人民币的特点。例如，数据保护法、反洗钱法等，需要考虑数字人民币的匿名性和可追踪性如何平衡，以及如何处理与传统货币不完全相同的交易和账户管理问题。此外，法律还需明确数字人民币与电子支付工具的法律关系，以及与国际货币体系的关联性和兼容性问题。

政策环境的适应要求政府和监管机构，不仅要制定有利于数字人民币创新和发展的政策，同时也要确保这些政策能够维护经济稳定和金融安全。监管机构需要建立健全数字人民币监管体系，包括加强对数字人民币交易活动的监控、完善反洗钱和反恐融资的监管措施、制定有关消费者保护的具体政策等。

此外，监管政策应当具备前瞻性和弹性，能够及时应对数字人民币技术迭代带来的新情况、新问题。对于跨境支付、外汇管理等方面，需要有具体的政策来规范数字人民币的国际使用，同时加强与其他国家中央银行和国际金融组织在法律和政策层面的沟通和协调。

在推进数字人民币发展的同时，监管机构和政府部门需不断加强对社会公众的法律和政策宣传教育，提高公众对数字人民币的认知和理解程度，引导公众正确认识并有效使用数字人民币。此举不仅有利于数字人民币的普及和应用，也是减少和防范法律风险的重要措施。

法律和政策的适应也需要对国内外的法律环境进行深入研究，尤其是在面对全球化金融市场时，如何处理和解决国际法律冲突，确保国内法律的主权和独立性，同时保持与国际规范的一致性和兼容性，是数字人民币法律适用且必须深入探讨的问题。

五、提高交易效率与安全性的需求

随着数字化经济的迅猛发展和全球支付系统的不断革新，传统的货币交易方式已日益显示出其局限性，特别是在效率和安全性方面。为此，数字人民币的引入被看作对现有金融系统的一种重大优化和提升。

在交易效率方面，数字人民币通过其独有的电子形态，能够实现即时支付和清算，这对于商业活动的流畅执行具有非常重要的影响。在传统的交易模式中，跨行或跨国交易往往需要经过复杂的处理流程与时间延迟，而数字人民币通过区块链技术等现代信息技术的应用，可以显著缩短这一过程，提高资金的流动速度。这不仅提升了交易效率，也为企业和消费者带来了更高的经济效益和更好的用户体验。

在安全性方面，数字人民币利用先进的加密技术，确保了交易数据的安全与隐私保护。与传统银行系统相比，每一笔数字人民币的交易都进行严格的身份验证和记录，减少了伪造和欺诈等犯罪行为的风险。此外，数字人民币的账本是分布式存储的，这意味着它不依赖于单一的数据中心，可以有效防止数据被篡改或因中心化存储设施出现问题而造成的系统性风险。

另一个值得关注的安全性优势是，数字人民币可以有效防控金融风险和洗钱行为。通过对每一笔交易的实时监控和历史记录的全面分析，监管机构能更容易追踪资金流向，有效打击非法金融活动。同时，对于消费者而言，数字人民币也提供了比传统现金更高的安全保障，因为电子钱包的使用减少了现金被盗或丢失的风险。对于金融机构而言，实施数字人民币交易不仅能提高其服务的效率，还能通过技术优势加强用户信息的保护，从而提升机构的整体竞争力和品牌形象。这种交易效率和安全性的双重提升，使得数字人民币成为现代金融体系中一个极具吸引力的新兴选项。

此外，提高交易效率和安全性不仅对国内市场有极大的推动，也在国际贸易中发挥着日益重要的作用。数字人民币的国际化应用可以减少跨国交易中的货币兑换成本和时间消耗，加快国际贸易的处理速度，同时提供更为安全的跨境支付方式。这对于推动全球经济一体化以及提升中国在国际金融体系中的地位具有重大意义。

六、推动普惠金融的社会责任

通过数字人民币的推广使用，可以有效地降低金融服务成本，提高服务效率，使更多的边远地区和低收入群体能够享受到便捷、安全的金融服务，这在很大程度上弥补了传统金融服务的不足。

在普惠金融的背景下，数字人民币有能力改善传统金融系统中存在的各种弊端。例如，传统金融服务机构在远程和边远地区的服务设施往往不足，导致这些地区的居民在获取金融服务时面临交通不便和成本高昂的问题。数字人民币依托先进的数字技术，实现了金融服务的无地域限制，用户仅需通过手机或其他智能终端设备即可进行各类金融操作，极大地拓宽了金融服务的覆盖范围。

此外，数字人民币增强了金融产品的可达性和可用性。在数字人民币体系中，金融产品和服务的设计与推广可以更加灵活多样，使得不同需求的消费者都能找到适合自己的金融解决方案。例如，对农村小微企业主或小额贷款用户来说，他们可以通过数字人民币获取更为简便的信贷服务，而无须复杂的过程和高额的手续费。这样的改变不仅提升了金融服务的效率，也优化了用户体验。

同时，数字人民币的引入还有助于增加金融透明度，降低腐败与欺诈的风险。传统的现金交易难以追踪，而所有通过数字人民币进行的交易都可以被记录并通过安全的方式存储，这使交易的每一个环节都变得透明化，有效减少了金融犯罪的空间。因此，从长远看，数字人民币不仅能提升金融系统的效率和安全性，还能在一定程度上提升公众对金融系统的信任。

针对低收入及未银行化群体，数字人民币提供了一种更为低成本的金融服务方式。传统银行服务往往需要一定的基础设施支持，如银行网点和自动取款机，而这些设施的建设和维护需要高昂的成本。数字人民币的运作依赖于网络和智能设备，大大降低了金融服务的整体成本，使得金融机构能够向更广泛的用户提供服务，特别是那些生活在经济较不发达地区的人。

未来，随着科技的不断进步和数字人民币应用场景的不断拓展，期望看到更多创新的金融服务模式出现，进一步推广普惠金融的理念和实践。这不仅有助于缩小城乡之间、不同收入阶层之间的金融服务差距，还能促进经济更为均衡的发展和社会的全面进步。

七、国际贸易与货币国际化的策略

随着全球化交易的加速，传统的货币体系面临着种种挑战，数字人民币的出现可以说是对当前国际货币体系的一种补充和完善。国家在推动货币国际化的进程中，将数字人民币作为一种策略工具，不仅有助于提升国际贸易的便利性，还可能重新定义货币政策的执行和国际经济合作的框架。

在数字人民币设计之初，便考虑到了国际贸易的需求和货币国际化的目标。其可以降低跨境交易成本、简化交易流程、减少对传统银行和支付系统的依赖。在传统的国际贸易活动中，不同国家的货币转换、汇率波动等因素经常会增加交易成本和时间延误。数字人民币因其数字化的特性，可实现即时的资金转移，提高交易效率，减少以上外汇风险。这对于提升中国在国际贸易中的竞争力，以及推动人民币获得更广泛的国际接受度具有重要意义。

此外，数字人民币的使用还可以通过改善支付系统和金融服务的透明度，增强监管效能。在此基础上，相关监管机构能更有效地追踪资金流动和交易活动，为反洗钱和反恐融资等领域提供重要的支持。国际社会对于金融透明度和监管的共识增强了数字人民币在推动货币国际化中的作用。

数字人民币在国际贸易中的应用，还必须考虑国际法律与监管的合作。对于涉及多边监管的状况，如何在不违背国际金融法规的前提下推动数字人民币的国际化，成为一个必须面对的问题。中国作为数字人民币的发行国，需要与其他国家和国际金融机构合作，构建一个公平、透明的国际数字货币体系。这不仅包括技术标准的制定，还包括对于隐私保护、数据安全等方面的国际合作。

数字人民币进入国际市场，对现有的全球金融体系造成了一定的影响，促使各国中央银行加快自己的数字货币研发步伐，从而推动全球金融创新的进程。这种创新不仅限于技术层面，更关乎全球金融监管政策的协调与发展。在这个过程中，数字人民币的推出可以视为中国在全球经济舞台上进行的一次深远的战略布局。

最终，国际贸易与货币国际化策略的实施，需要全球范围内的政策制定者、商业银行以及企业界的共同努力。数字人民币的稳健推进将依赖于内部政策的适当调整及国际的广泛合作。这一系列的动作和反应，无疑将在未来几年内重塑国际金融和货币政策的全球格局，推动全球经济的进一步整合。

八、对传统货币系统的挑战与机遇

传统货币系统主要基于中央银行和商业银行的货币发行与流通机制，依托实体经济运转。这种系统在处理大规模交易和跨境支付时往往面临较高的成本与时间延迟。此外，传统系统在跟踪和监管非法金融活动方面存在一定的局限性，尤其是在全球化和网络化迅速发展的当代社会。

数字人民币的实质是中国人民银行对现有货币形式的数字化。这种数字货币具备高效的交易处理能力，能够实现即时清算和结算，极大地减少了传统银行系统中的中介处理时间。数字人民币在设计上采用了区块链等先进技术，能够提供更为安全、透明的交易记录。这一点在防范和打击金融诈骗、洗钱等非法金融活动中显示出较大的优势。

此外，数字化的特性使得数字人民币能够精准地控制货币流通量和速度，这为宏观经济调控提供了新的工具。政府和中国人民银行可以通过直接对个人或企业的数字钱包发放或回收数字人民币，更加精确地实施货币政策。

然而，数字人民币的推广和应用也给传统金融市场的参与者带来了挑战。首先，对现有银行业务模式的冲击。传统银行的盈利模式在很大程度上依赖于交易费用和利息收入。数字人民币可能会降低这些服务的需求，因为用户可以直接在数字平台上进行交易和借贷，不再依赖于银行提供的中介服务。其次，数字人民币的普及需要现有金融机构进行技术升级和服务创新，这对于一些资金不足或技术不强的小型银行来说是一个不小的挑战。

与此同时，数字人民币也面临着诸多法律和政策层面的挑战。数据安全和隐私保护是社会各界普遍关注的问题。尽管数字人民币增强了交易的透明度，但如何在保护用户隐私的前提下实现监管，是需要解决的问题。此外，如何建立完善的国际合作机制，处理跨境支付和反洗钱问题，也是数字人民币面临的重要挑战。

从机遇的角度看，数字人民币的发展提升了中国在全球金融技术领域的地位。数字货币的广泛应用有助于推动人民币国际化，提升其在全球金融体系中的影响力。此外，数字人民币的推广还可能带动相关高科技行业的发展，包括网络安全、区块链技术、数据分析等领域，从而促进经济结构的转型和升级。

综上所述，数字人民币的发展既是对传统货币系统的一大挑战，也是对现代金融体系的一次重大革新和机遇。它不仅有可能改变货币的发行和流通方式，更有可能影响全球金融结构和经济发展的未来趋势。因此，各国政府、金融机构和相关企业需要积极应对这一趋势，通过创新和合作，优化现有金融市场结构，确保经济的稳定健康发展。

第二章
数字人民币的法律基础

第一节　数字人民币的法律属性分析

一、货币法律属性的一般理论

货币法律属性主要涉及货币的法律定义、职能以及在现代经济中的角色。首先，从法律层面来看，货币被定义为法定的支付手段，具有解除债务的强制力。这一定义赋予了货币在经济社会中的特殊地位。

传统上，货币承担着交易媒介（流通手段）、价值尺度、贮藏手段和支付手段四大基本职能。这些职能使得货币成为市场经济活动中不可或缺的一部分。然而，随着数字经济的发展，货币的形态和职能也在发生变化。

在现代经济中，货币的法律属性不仅涉及其作为支付手段的地位，还扩展到货币发行、流通调控以及金融监管等方面。这些新的法律属性反映了货币在现代经济体系中的复杂性和多样性。

数字货币的出现，特别是由国家权威机构背书的数字货币（如数字人民币），对传统的货币法律属性提出新的挑战并面临新的机遇。数字人民币不仅继承了传统货币的基本职能，还因其技术特性（如去中心化的技术基础、数字加密安全性等）在法律层面展现出独特的考量点。

（1）合法性与法偿性：作为一种由中国人民银行发行的法定货币，数字人民币具有无限法偿性，在中国境内可用于清偿所有债务和义务。这与传统纸质人民币具有相同的法律地位。

（2）技术复杂性与法律考量：数字人民币的运作依赖于复杂的电子设备和网络平台，这为其法律属性带来了新的技术相关复杂性。如何在保护用户隐私的同时符合国家对反洗钱等监管的需求，是法律层面需要面对的问题。

（3）监管框架的构建：针对数字人民币的监管框架需要综合考虑网络安全、数据保护、反洗钱和反恐融资等法律问题。这要求监管机构在法律层面上进行创新和适应，以确保金融市场的稳定和消费者的权益。

（4）国际法律挑战与合作：随着全球金融市场的互联互通，数字人民币在国际交易中的应用日益增多。如何在不同国家间建立有效的法律合作与监管机制，以防止跨境金融犯罪并维护经济安全，成为当前国际金融法律研究的热点问题。

总体而言，数字人民币的法律属性不仅涉及经济问题，更是一个复杂的法律问题，涵盖货币法、金融法以及相关国际法的多个方面。面对数字货币带来的挑战与机遇，我们需要不断更新和完善相关法律法规，以适应金融市场的创新和发展。

二、数字人民币与传统货币的法律对比

在数字人民币与传统货币的法律对比中，必须深入分析两者在法律定位、发行体制、流通监管以及法律责任等方面的根本差异和相应的合规要求。这些比较不仅有助于理解数字人民币作为一种新兴货币的特性，还能为进一步的立法与监管奠定基础。

数字人民币，作为一种由中国人民银行发行的数字形式的货币，其最大特征在于以电子形式存在，传统货币则通常包括纸币和硬币等实体形态。从法律属性上看，数字人民币同样被视为法定货币，这意味着它得到国家法律的认可和支持，具有必须接受的法偿性质。然而，与传统货币相比，数字人民币通过电子钱包等数字工具进行存储与流通，这种形式的改变对法律监管提出了新的挑战。

首先是发行权问题。根据我国法律，传统货币的发行权仅属于中国人民银行，这一点在数字人民币中同样适用。但数字人民币的发行涉及复杂的技术系统和网络安全等新的因素，需要在法律中对数字货币发行的技术细节、安全标准和流通方式进行明确规定，以确保其发行的严谨性和安全性。

流通监管也是一个重要领域。对于传统货币，其监控主要依赖于银行系统与现金流通的管理。而数字人民币的流通，由于其电子性质，涉及更多的网络监控

和数据分析工具。监管机构需要对数字人民币的所有交易记录进行实时跟踪和监控，确保交易的合法性和安全性。同时，面对潜在的网络攻击和欺诈行为，需要建立更为高效的法律体系和技术手段来应对。

由于数字人民币具备跨境流通的潜能，其在国际法律环境下的地位及合规要求同样至关重要。传统货币在国际使用中需通过复杂的兑换和结算过程，而数字人民币能够直接在国际场域中流通，需要在国际法律框架内明确其使用规则，以及如何与其他国家的货币进行法律定位的协调。这不仅涉及货币政策的制定，更触及跨境犯罪、洗钱防控等多个方面，对合规性要求极为严格。

此外，关于法律责任，数字人民币的使用误区和纠纷可能会有别于传统货币。例如，用户可能因操作失误而导致资金损失，或在交易中遭受诈骗等问题。这要求立法不仅需要建立健全消费者保护机制，还需明确数字人民币的使用者在遵守法律规定时的权利与义务，以及在交易发生纠纷时使用的法律途径和解决方案。

三、数字化影响下的法律属性变革

数字化技术的发展给法律属性的界定带来了极大的挑战和变革。在数字人民币的案例中，这种变革尤为明显。传统的法定货币具有固定的法律属性，例如：由国家发行、具有法定的支付和强制使用性质。然而，数字人民币的出现打破了传统货币的物理形态，引入了数字技术的复杂性，使得其法律属性需要重新评估和界定。

在分析数字人民币的法律属性变革时，可以考察以下几个关键方面。

首先，数字人民币保留了人民币的基本属性，即它依然由中国人民银行发行，具备法定货币的地位，这意味着它在中国境内具有无限法偿性。但与传统法定货币不同的是，数字人民币以电子形式存在，这使得其在交易方式、存储手段以及交易的隐私性等方面展现出不同的特性。

其次，数字化不仅使得货币的流通更加高效，还增加了货币政策的可操作性。例如，通过数字人民币，中国人民银行能够实时监控货币流通速度和流向。这对于精确实行货币政策、控制通货膨胀或实现其他宏观经济目标具有重要意义。这种监管能力的增强，从某种程度上改变了货币政策的实施方式和货币的功能。

再次，从合规性的角度来看，数字人民币引入了新的法律挑战。例如，在个人隐私保护方面，如何在确保交易安全和效率的同时，保护用户的财务隐私成为一个重要问题。此外，由于数字人民币可以跨境使用，如何适应和整合不同国家的法律法规，也是需要解决的关键问题。这些问题的解决不仅需要技术的支持，还需要法律的进一步明确和完善。

最后，数字人民币的实践也可能引发法律属性上的再认识。在数字人民币的设计与应用中，它是被视为资产、货币还是服务，可能需要根据其具体的运营模式和用户的实际使用情况来决定。这种不确定性要求法律专家、监管机构和政策制定者在现有法律框架的基础上，不断地进行审视和调整。

除了上述法律与合规性的问题，数字人民币在国际领域的应用也是法律属性分析的一个重要部分。随着全球金融市场的互联互通，数字人民币如何符合国际金融标准，如何在国际法的框架下操作，以及如何处理可能的国际法律冲突，都是数字人民币必须面对的问题。

因此，数字人民币的出现不仅是技术进步的体现，更是对现存法律体系的挑战。这需要法律专家、技术开发者和政策制定者协作，不断探索适应数字化时代的新法律形态。通过多方的努力，可以实现数字人民币的合理监管，保护消费者权益，同时推动全球金融市场的健康发展。

四、数字人民币的法律责任与权益

数字人民币的法律责任主要涉及监管机构、发行机构和使用者三个层面。对于监管机构，主要是中国人民银行及其授权的金融机构，它们负责数字人民币的发行、流通及管理工作，需要确保数字人民币系统的稳定运行，并且制定相应的法规政策来指导数字人民币的使用，防范和解决可能出现的金融风险。发行机构的责任在于合规发行数字人民币，并确保其在流通过程中的法定货币属性得到充分发挥，维护货币政策的有效实施和货币供应的稳定性。对于普通使用者，包括个人和企业，他们在使用数字人民币进行经济活动时，应当遵守相关法律法规，正确使用数字人民币，并承担因违反法律法规而产生的法律责任。此外，用户在使用过程中应当自觉维护自己的权益，如隐私权和数据安全权，一旦发现权益受到侵害，应当及时采取措施保护自己的合法权益。

数字人民币的权益保护尤为重要，尤其是在个人数据安全和隐私权方面。因为数字人民币的使用高度依赖于电子设备和网络平台，用户的交易数据极易被捕获和分析。在这种背景下，如何确保用户的交易信息不被非法利用，成为制定相关法律法规时需要考虑的重要因素。法律应当明确规定数字人民币的运营机构对用户数据承担的保密责任，以及在数据处理上需遵循的最小范围原则。

在数字人民币的合法使用过程中，用户还应享有查询和监督的权利。例如，用户应当能够随时查询自己的交易记录，了解资金流向，并在发现问题时，有权要求监管机构进行调查处理。此外，用户在使用数字人民币时遇到纠纷，可以通过法律途径进行解决，包括申请仲裁或提起诉讼等。

此外，数字人民币在国内外的法律责任与权益还涉及跨境支付及反洗钱问题。随着数字人民币国际化进程的推进，如何在保证跨境交易便利性的同时，遵守国际反洗钱法规，是另一项法律责任所在。这要求中国的相关法律法规不仅与国内的金融政策和法律体系相匹配，同时也要与国际法律标准进行对接，确保数字人民币的合法、安全使用。

五、跨境使用中的法律属性考量

跨境使用中，数字人民币面临的首要问题是其法定货币地位的国际认可。不同国家对于是否接受数字人民币作为支付或储值工具有不同的规定。这种国际法律环境的差异，要求数字人民币在跨境应用时不仅必须遵守我国的法律规定，还必须遵守相关国家的法律规定。这可能涵盖外汇监管政策、反洗钱和反恐融资法律、数据保护法规等。

外汇监管是跨境使用数字人民币的另一重要考量。我国的外汇政策和控制对于数字人民币的跨境流通与使用极为关键。外汇监管政策需要在保障国内金融安全和防控跨境资金流动风险的同时，支持数字人民币的国际化。如何在不违反国际外汇监管政策的前提下，调整和应对国内外汇监管政策，成为数字人民币跨境使用的一大法律难题。

更进一步，跨境支付系统的互通性和兼容性也是需要重点关注的问题。数字人民币作为一种新兴的货币形式，在国际支付领域的接入和兼容，需要在保持技术标准和操作流程统一的情况下，考虑与其他国家的支付系统进行有效接轨。此外，跨境支付系统中个人信息和交易数据的管理，必须符合国际上对数据保护的相关要求，这对于数字货币的法律属性分析尤为关键。

在跨境使用场景中，数字人民币的合规性和风险管理不能忽视。如防止洗钱和资助恐怖活动，是国际法律合作的重要一环。数字人民币系统需要内置有效的监控和报警机制，确保每一笔跨境交易都可追踪和审计，而这些操作必须符合国际反洗钱标准和实践要求。

此外，国际合作的构建对于数字人民币的跨境应用至关重要。国与国之间的双边或多边协议，能够为数字人民币的国际使用提供法律支撑和风险保障。在数字人民币接受度、汇兑便利性以及法律风险管理方面，都需要通过国际合作来进一步加强和完善。

六、案例分析：其他国家数字货币的法律属性

全球范围内，数字货币由于其特殊性质，引发了多种法律问题，不同国家对这一新兴事物的法律定位和监管策略展现出多样性。

美国对于数字货币的法律属性定义比较灵活，多机构参与监管。以比特币为例，美国联邦税务局（IRS）将其视为财产进行征税，美国商品期货交易委员会（CFTC）则将数字货币视为一种可交易的商品。此外，美国证券交易委员会（SEC）亦参与其中，对那些功能类似证券的数字货币进行监管。这种多角度、多维度的监管框架反映了美国在数字货币法律属性问题上的综合考量。

欧洲在数字货币的法律监管上则表现出一种更为统一的趋势，欧洲中央银行（ECB）和其他相关机构试图构建一个共同的监管框架。比如，欧洲银行管理局（EBA）提出了对数字货币的分类和监管建议，强调防范洗钱和恐怖融资的重要性，并推荐成员国建立适当的监管机制。此外，欧盟也在探讨发行数字欧元，并努力定义其法律属性和监管要求，以保证其与传统货币系统的兼容性。

在亚洲，日本是最早将数字货币纳入法律监管体系的国家之一。日本将特定数字货币正式定义为"法定货币"，这一举措不仅提升了数字货币的法律地位，也推动了其在日常交易中的广泛应用。此外，日本还通过制定相关法律强化了数字货币交易平台的安全性和透明度，并设立了相应的监管机制来保护消费者权益及防范系统性风险。

通过比较不同国家对数字货币法律属性的定义及其监管策略，我们可以观察到几种不同的趋势和方法。这些国家的做法为数字人民币的合法化和监管措施的制定提供了多种可能性和经验借鉴。对于中国来说，结合国内外的监管经验和实际情况，建立一个既能发挥数字人民币特有优势又能确保金融稳定性的监管体系显得尤为重要。

第二节　数字人民币相关法律法规概述

一、中国人民银行关于数字货币的主导法规

中国人民银行作为国家的银行，在数字货币特别是数字人民币的法规制定和监管方面扮演着核心的角色。数字人民币的推出，不仅标志着中国在全球数字经济领域跨出了一大步，也意味着需要一个全新的法律框架来适应这种新型的货币形态。

数字人民币的主导法规主要围绕其法定货币的属性、发行和流通管理、用户隐私保护以及跨境支付等方面构建。中国人民银行为此制定了一系列的政策和规章来确保数字人民币的安全、稳定和合规性。

在法定货币的属性上，数字人民币被赋予了与传统纸质及硬币人民币同等的法律地位，保证其在所有的法律场景下均可被接受。这一点在《中华人民共和国中国人民银行法》中得到了明确，中国人民银行负责全国的货币发行。数字人民币严格按照国家的法律规定进行发行，不仅确保了货币发行的合法性，同时也增强了公众对于接受数字人民币的信心。

关于发行和流通管理，中国人民银行通过设计一套独特的数字货币系统，来控制数字人民币的发行和流通。这包括了对数字钱包的用量限制、匿名交易的控制以及反洗钱、反恐融资的相关规定。通过实名注册制度和交易记录存储的策略，数字人民币系统可以助力于侦查和防范非法活动，同时保护个人隐私。

用户隐私保护是数字人民币法规中非常重要的一部分。全球对于隐私的关注日益增加，数字人民币系统设计了多层次的保护措施，确保用户信息安全而不被滥用。中国人民银行提出的"可控匿名"原则，在保护用户隐私的同时，也满足了监管机构对于打击犯罪、维护金融安全的需求。这种平衡机制是通过技术手段实现的，包括加密技术、信息脱敏处理等。

在跨境支付方面，数字人民币提供了一个更加高效和低成本的解决方案。不

过，这也引发了国际法律合作的需求，因为涉及的不仅是国内法规，还有国际支付和外汇管理法规。中国人民银行与其他国家的中央银行及国际金融组织积极协调，促进国际监管框架的建立，以适应数字人民币的跨境流通。

通过这些法规的制定和实施，中国人民银行不仅确保了数字人民币的系统安全、运行效率和法律合规性，也推动了整个金融市场特别是数字金融市场的健康发展。这些法规的进一步完善和实施将是数字人民币在未来成为国际货币的一个重要因素。同时，这也为全球的数字货币法律制度提供了参考和借鉴，有助于形成更加统一和协调的国际数字货币管理机制。

二、与数字人民币交互的金融机构的法律要求

根据中国人民银行及相关法律机构制定的规范，与数字人民币交互的金融机构需遵循一系列法律要求，以保障数字货币交易的安全性、透明度及有效性。这些要求不仅涉及金融机构自身的操作规范，还包括对用户信息保护的严格要求，以及防范洗钱和恐怖资金支持的措施。

首先，金融机构必须获得合法资质与批准，才能参与数字人民币的相关业务。这包括持有中国人民银行颁发的数字货币交易许可，以及完成相应的金融服务实体注册。此外，金融机构还需按照监管要求，设立专门的数字货币交易与管理部门，配备足够的技术与合规的专业人员。

关于客户信息安全，金融机构需遵守《中华人民共和国个人信息保护法》等相关法律法规，确保所有用户数据在收集、存储与处理过程中的安全性和机密性。需要对客户进行身份验证和身份确认，确保数字人民币账户关联真实身份，防止身份盗用和金融诈骗行为的发生。

其次，金融机构应建立健全的风险评估和管理体系，对与数字人民币相关的交易进行全面的风险评估，包括交易对手风险、市场风险、操作风险等。对于检测到的任何异常交易行为，机构应及时上报监管机构，并采取必要的干预措施。

在反洗钱方面，金融机构需要遵循国家关于反洗钱的具体指导和规定，建立严格的客户尽职调查和交易监测系统。这包括对所有客户资金来源的真实性和合法性进行验证，对高风险和非典型交易模式进行密集监控，并及时向金融情报分析中心报告可疑交易。

在技术和操作安全方面，金融机构需要采用国际先进的安全技术和措施，保障数字人民币的交易平台、数据存储和传输过程的安全。这包括使用强加密协议

来保护数据传输过程中的机密性和完整性，以及设置多重物理和逻辑访问控制，防止未经授权的访问。

金融机构还需不断更新和完善内部的合规政策和操作手册，确保所有操作都符合最新的法律法规要求。同时，需要定期对员工进行培训，提高其合规意识和专业能力，以适应数字货币领域不断变化的法律环境。

通过上述多角度的法律要求和实践措施，可以有效地指导金融机构在与数字人民币的交互中维护合规性，同时也能够推动整个数字货币市场的健康稳定发展。这不仅有助于增强金融消费者的信心，也能加强金融监管机构对市场动态的掌控，共同构建一个更为安全、公正的数字金融环境。

三、数据保护与隐私权法律问题

在数字人民币的运行与推广过程中，数据保护与隐私权的法律问题是不可避免的重要议题。数字人民币作为中国人民银行发行的法定数字货币，其涉及个人和机构的大量敏感数据管理，必须严格遵循法律法规以保证用户的隐私安全。这不仅关系到用户的信任度，也是数字货币可持续发展的关键。

由于数字人民币整合了信息技术和金融服务，其数据处理特别是个人信息处理方面，面临着极高的法律要求。我国的《中华人民共和国个人信息保护法》和《中华人民共和国网络安全法》，为数字人民币提供了数据保护的基础法律框架。这些法律明确规定了个人信息的收集、存储、使用、处理和传输过程中的合法性、正当性和必要性原则，以及用户的知情权和同意权。

在数据保护方面，数字人民币的运营机构需要确保所有用户数据的加密存储和传输。使用先进的加密技术来保证数据在整个生命周期内的安全是基本要求。同时，对于数据访问进行严格控制，确保授权人员在合法合规的前提下才能访问相关信息，这对于防止数据泄露和滥用至关重要。

在隐私权方面，数字人民币的设计与实施需考虑用户的隐私需求，合理设计数据的使用和披露范围。例如，可以实施匿名化处理或伪匿名化处理技术，以在不暴露用户身份的前提下进行必要的统计和分析。此外，需要建立健全用户信息访问和修改机制，使用户能够方便查询、更正和删除自己的个人信息。

从合规性角度看，数字人民币的相关法律法规不能仅停留在国内层面，还需要符合国际数据保护标准，如欧盟的《通用数据保护条例》（GDPR）。随着数字人民币可能的跨境应用，其合规框架需能够处理跨境数据流的复杂性。这不仅要求国内法律与国际法律的衔接和协调，还需要在全球范围内推动数字货币的数据保护合作与对话。

此外，监管机构还需实时监控数字人民币系统中的数据处理活动，确保所有操作均符合法律规定。对于违反数据保护法规的行为，需要有明确的法律责任和严格的处罚措施，以此来维护法律的权威和效力。

随着技术的持续进步和数字人民币应用场景的不断扩展，数据保护与隐私权的法律问题将更加复杂。监管策略需持续更新以适应新的技术和市场变化。例如，利用人工智能进行数据监控和风险评估，可能会引发新的隐私问题，这就要求法律法规能够及时进行调整和补充。

四、反洗钱与反恐融资法律框架

反洗钱与反恐融资法律框架是数字人民币法律监管的关键组成部分。在数字货币的环境下，由于其匿名性和跨境交易的便利性，传统的反洗钱和反恐融资措施面临着前所未有的挑战。数字人民币的引入不可避免地加剧了这一问题，因此，制定有效的法律框架以应对这些风险至关重要。

在分析现有的反洗钱和反恐融资法律框架时，我们可以看到，这些法律多半针对传统金融系统设计，而数字货币的特性要求监管者必须更新和扩展这些法律框架以覆盖新的技术形态。数字人民币的合规性要求必须从两个方面进行系统构建：一是加强身份认证和交易监控；二是确保技术透明性并与国际标准对接。

对于身份认证，数字人民币系统需要通过实名制度来限制匿名交易的可能性。这涉及如何在不侵犯个人隐私的前提下，有效识别和记录每一笔交易的参与者。这不仅有利于追踪资金流动，也符合国际反洗钱组织的要求。目前，多数国家已经有了较为成熟的实名制金融交易体系，但如何将这些体系有效地扩展到数字货币，仍需要国家法律的进一步完善和明确。

在交易监控方面，监管部门需要有能力实时监控和分析大量的数字货币交易，以便及时发现可疑行为。这要求监管技术的升级以及对数据处理和分析能力的强化。此外，透明的交易记录和共享机制也是必要的，这不仅有助于内部监管，也便于与国际监管机构的协作和信息交换。

从技术透明性角度出发，监管框架应要求所有数字货币服务提供商遵守开放透明的技术标准。其中包括技术架构的公开、算法的审查以及安全措施的透明化。这有助于监管机构和公众理解并信任数字货币体系，同时对抗恶意的利用和潜在的技术漏洞。

五、消费者保护法规在数字人民币应用中的角色

数字人民币作为一种新兴的数字货币形式，其交易的便捷性和匿名性既给消费者的权益带来了益处也伴随着一定的风险。因此，制定针对性的消费者保护法规不仅有助于保护消费者权益，同时也是数字人民币健康发展的基础之一。

面对数字货币的特性，如非接触性和电子化交易，消费者可能在不完全了解的情况下进行交易，或是在欠缺安全保障的环境中使用数字人民币，这些都可能导致消费者权益受损。例如，消费者在数字交易中可能遭遇诈骗、账户被盗等安全问题，或是面对隐私泄露的风险。因此，确立具体有效的消费者保护法规是监管部门必须重视的方面。

关于信息透明度的要求，消费者保护法规应明确要求数字人民币的发行和交易平台提供充足的、易于理解的信息。这包括数字人民币的使用风险、交易规则、费用标准以及用户的法律责任等。通过增强信息透明度，可以有效提升消费者对数字货币交易的认知程度，减少由于信息不对称而导致的消费者损失。

关于交易安全的保障，消费者保护法规需要设立明确的安全标准，对数字人民币的存储、转账等操作流程进行规范。包括加强网络安全措施，确保消费者账户的安全，防范黑客攻击等网络安全问题。同时，还应建立健全交易纠纷解决机制，提供及时有效的法律救助，确保消费者在数字人民币交易中的合法权益得到妥善处理。

从监管合作的角度考虑，由于数字人民币可能涉及跨境交易，国内的消费者保护法规需与国际法律规范相衔接。这要求构建国际合作的框架，通过多边或双边协议，加强跨境监管合作，共同打击跨国数字货币交易中的非法行为，如洗钱、诈骗等。这不仅有利于形成统一的国际市场标准，也有助于提升消费者信心，推动数字人民币的广泛接受与使用。

需要特别注意的是，随着科技的发展和市场的变化，消费者保护法规也应具备一定的灵活性和前瞻性，以应对新出现的风险和问题。监管当局应定期审视和更新相关法规，加强监管科技的应用，例如利用大数据、人工智能等技术手段，提高监管效率和精准性。

通过这些综合措施，可以为数字人民币的使用提供一个更加安全、公正的法律环境，有效促进消费者权益的保护，推动数字人民币市场的健康发展。这不仅

有助于提高消费者对数字人民币系统的信任和接受度，也是实现数字经济长远发展的关键因素。

六、对技术提供商的法律约束与责任

数字人民币的法律基础确立了一系列与技术供应相关的法规。这些法规明确规定了技术提供商在设计、开发和维护数字人民币技术解决方案中的责任。技术供应商必须确保其提供的技术满足国家金融安全的相关规定，同时保证系统的稳定性和可靠性。这一点不仅涉及技术的初始设计和实施，还包括后续的维护和升级，必须随时应对新的安全威胁和技术挑战。

对于技术提供商而言，法律约束体现在必须遵守数据保护法律。其中，保护用户的隐私和个人信息是首要的法律责任。技术提供商需要确保所有传输和存储的数据都符合国家关于数据保护的法律法规，任何数据泄露事件都可能导致严重的法律后果。此外，技术提供商还需确保其系统设计排除一切可能的数据窃取和篡改的风险，提高系统的安全性和可信度。

另外一个重要的法律约束是关于反洗钱和反恐融资的规定。技术提供商在设计数字人民币系统时，必须嵌入有效的监控机制，用以识别和阻断可能的洗钱或恐怖融资活动。这要求技术提供商不仅在技术层面上有所准备，更要在法律和合规性方面具备充分的了解和应对策略。因此，法律的约束不仅是技术层面的，也深入操作和监管层面。

技术提供商还需要关注的是与知识产权相关的法律责任。在数字货币的技术开发过程中，可能会涉及专利技术的使用或新技术的创造。在这一过程中，必须确保所有使用的技术或创新都符合知识产权的规定，避免侵犯他人的专利权、版权或其他相关权利。

法律约束的另一方面体现在对技术故障或失误的责任追究上。技术提供商需要确保其系统的整体性和执行的准确性，任何由于技术失误导致的问题都需要承担相应的法律责任。这包括系统故障导致的交易错误或资金损失。在这种情况下，技术提供商可能不仅面临经济赔偿责任，还可能面临监管机构的行政处罚或更严重的法律后果。

第三节　数字人民币在现有法律体系中的定位

一、现有货币法律体系与数字人民币的关联

货币法律的核心是确保国家货币的合法流通和稳定价值。传统货币，如纸币和硬币，通常由国家的中央银行负责发行，并通过金融体系进行管理与调控。货币法律规定了关于货币发行权、货币真伪辨识，以及防止和打击货币伪造等的具体措施。

在数字人民币的背景下，虽然其核心目的与传统货币相同，即保证货币的流通安全和价值稳定，但其运作方式和技术实现带来了新的法律问题和挑战。数字人民币由中国人民银行发行，依托于数字技术的支持，实现货币的电子化。这种货币形态的变化，对现有法律体系提出了更新的要求，包括如何在法律上定义数字人民币的地位，以及如何确保其在电子形态下的安全和效能。

数字化带来的一大挑战是如何在法律上确保数字人民币的合法性和权威性。传统货币的法律权威来源于实物形态的官方认证，如印制上的国徽、序列号等。而数字人民币需要在没有物理形态的情况下保证这一法律地位，这依赖于数字加密技术与电子认证机制的支持。法律制度必须对这些技术的实现给予明确的法律地位和有效的监管指导。

此外，数字人民币的流通与监管也与传统货币存在不同。数字人民币的流通更依赖于电子支付系统和网络技术，这就要求相关的网络安全法律、电子支付法律也同步更新以适应新的监管需要。例如，《中华人民共和国数据安全法》和《中华人民共和国个人信息保护法》就发挥了新的重要性，其在数字人民币的法律体系中占据了重要位置，用以保护用户的资金安全和隐私安全。

数字人民币的跨境使用和国际合作也提出了新的法律课题。尽管传统货币在

国际法框架下有着较为成熟的法律支持体系，如国际清算银行条例、货币兑换规定等。但数字人民币作为一种新兴的货币形式，其跨境交易和国际法律地位的确定，需要在现有国际货币法律体系中进行更多的定义和规范。这包括如何与其他国家的法律体系接轨，以及如何在跨境交易中确保数字人民币的法律效力和操作安全。

二、数字人民币在民法典中的具体位置

民法典是调整民事关系的基本法典，涉及个人和企业的产权、合同、人身关系等多个方面。数字人民币作为中国人民银行发行的法定数字货币，其在法律上的定位涉及货币法、民法甚至金融法等多个方面。

法律属性的明确是数字人民币定位的首要任务。根据中国人民银行的定义，数字人民币是中国法定货币的数字形态，具有无限法偿性。这一点明确了其作为货币的法定地位，区别于比特币等虚拟货币仅作为商品或者投资产品存在，没有法偿性。民法典中涉及货币的规定，通常是在合同中的支付义务、债务的清偿，以及物权转移等方面。数字人民币在法理上等同于纸币和硬币形式，因此，在民法典中的应用无须特别立法，而是按照现有的货币法律规定执行。

然而，数字人民币的数字属性和技术实现方式也为其在具体法律的适用中带来了特殊性。比如，在民法典合同编中，关于合同履行地点的规定在数字人民币的交易中可能需要重新界定。传统的货币交易，交付地点通常是货币交换或转账完成的地点，而数字人民币的转移即时完成且不受地域限制，这可能对合同编中关于合同履行地域的规定提出挑战。

此外，数字人民币的交易记录和用户信息的保护也是民法典需要关注的问题。民法典中关于个人信息保护的规定对于数字人民币交易尤为重要，因为这涉及大量的个人电子信息和隐私。如何在保障交易安全、便利性的同时，确保用户信息不被滥用，是制定法律规范时需平衡考虑的问题。

数字人民币的跨境使用和国际交易中的法律问题也是民法典需要考虑的。虽然民法典主要调整的是国内民事关系，但随着数字人民币的国际化，其涉及的跨境支付、外汇管理等问题也需要在国内法律框架中找到相应的支撑。例如，民法典中与外汇相关的规定可能需要进一步细化，以适应数字货币的特性。

三、数字人民币与银行法的关系

首先，银行法作为规范银行业务和银行行为的法律，原本是主要针对传统的货币和银行业务设定的法律框架。然而，数字人民币的出现，尤其是其技术特性和运作模式的新颖性，使得在现有的银行法体系下如何定位和监管，成为一个需要深入探讨的问题。

其次，银行法中对于货币的发行、流通以及货币政策的执行等，都已有明确规定，这些都是银行法的重要内容。数字人民币虽然在技术形式上与传统纸质与硬币货币不同，但它仍然属于中国人民银行发行的法定货币。这意味着，数字人民币在法律定位上受到银行法中关于法定货币的相关规定的约束与保护。例如，关于货币发行权的规定，只有中国人民银行有权发行法定货币，这一原则同样适用于数字人民币。

再次，银行法对于银行业的监管，包括资本要求、准备金比率、流动性要求以及反洗钱和反恐融资等合规要求，这些都是维护金融系统稳定和安全的关键。数字人民币作为一种新的支付工具，其交易的匿名性、即时性可能带来监管上的挑战。例如，在反洗钱监管方面，对传统银行交易的监控手段可能不完全适用于数字人民币的交易监控。因此如何调整监管策略，确保数字人民币系统的透明度和追溯性，是新的法律挑战。

从次，数字化的特性使得数字人民币可以进行跨境支付，这涉及外汇管理等问题。银行法及相关外汇管理规定需要考虑到这种新形式货币的跨境使用对现有法规的冲击与挑战。如何在不影响货币政策执行和资本项目管理的前提下，合理引导和监管数字人民币的跨境交易，需在现有的法律框架中进行细致的制度设计。

最后，银行法在保障消费者权益方面也提出了一系列要求，如信息披露义务、合同透明以及合理配置风险等。数字人民币在普及过程中，其用户接受度和对相关风险的认识与教育同样重要。银行法规中关于保护消费者权益的条款可以为数字人民币的服务条款设计提供法律依据，确保用户能在清晰、公平的环境中使用数字人民币。

四、数字人民币在反洗钱法规中的应用

随着数字人民币的推广与应用，其在现有法律体系中的定位逐渐清晰，尤其是在反洗钱法规中的作用和影响日益显著。数字人民币作为一种新型的法定货币

形式，其特有的数字性质和中国人民银行的背书使其在反洗钱法规的适用与执行中展示出独特的优势。

在现行的反洗钱体系中，传统货币的流通与交易往往通过银行和其他金融机构作为中介进行，这些金融机构被法律要求执行严格的客户身份验证（KYC）程序和可疑交易报告（STR）系统。然而，数字人民币的引入带来了一种去中介化的可能性，这在一定程度上提升了交易的便捷性，但也给反洗钱监管带来了新的挑战。具体来说，数字人民币的设计和运作需要重新考量如何有效整合传统的反洗钱工具，同时确保不损害数字货币系统的效率和用户隐私。

数字人民币的技术架构允许中国人民银行对所有交易进行监控，因此在理论上能够提供比传统系统更高效的反洗钱监控。每笔交易的可追溯性意味着一旦某一笔交易被标记为可疑，监管机构可以迅速追踪到该交易的来源和去向。然而，这种高度的透明度也引发了对个人隐私保护的关注，如何在确保交易安全和保护个人隐私之间找到平衡，是数字人民币设计中必须考虑的关键问题。

实现这一平衡的一种方法是利用先进的数据保护技术，如差分隐私技术和同态加密技术，这些技术可以在不暴露具体交易细节的情况下对交易行为进行监控和分析。此外，智能合约技术的应用也为自动执行反洗钱规则提供了可能，如可以设计智能合约自动拒绝来自高风险地区或已知洗钱者的交易请求。

另一个重要的方面是国际合作。由于数字人民币可能被用于跨境交易，这就要求我国的反洗钱法规与国际标准保持一致，并与其他国家的监管机构进行协调合作。通过参与国际支付系统并与国外监管机构共享关键信息，可以有效地追踪和制止跨境洗钱行为。

监管机构还需要对从事数字人民币服务的机构明确相应的监管要求，如强制这些机构建立健全客户身份识别和交易监控系统，并进行定期的合规审查。此外，还需要通过教育和培训提高公众对洗钱风险的认识，尤其是在数字人民币的使用过程中，消费者应当学会识别和避免可能的洗钱陷阱。

最终，确保数字人民币符合反洗钱法规的关键在于建立一个全面、有效且灵活的法律和监管框架。这需要监管机构、金融业务运营者以及技术提供者之间进行密切的合作，共同探索适应数字货币特性的监管技术和方法。通过这些措施，数字人民币能在确保交易安全和透明的同时，保护用户的隐私权益，有效防范和打击洗钱行为。

五、数字人民币与税法的适用

随着数字人民币的推出和使用，给税法体系提出了一系列新的挑战和需求。数字人民币作为一种法定货币的数字形式，其法律地位与传统法定货币等同，然而在税法的适用上却呈现出独特的问题和复杂性。

税法的基本功能是调节居民和企业的经济行为，保障国家的财政收入。数字人民币作为新兴的支付和交易手段，在税法适用上必须明确定义其各项税务处理原则。对于收入税，无论是企业还是个人利用数字人民币获取的收益，都应按照现行的收入税法规进行申报和缴纳。这包括通过数字人民币交易获得的利润、工资支付、服务交易等，都应依法纳入纳税申报范围。

进一步地，数字人民币的跨境支付功能，使得税法的国际合作与信息交换显得尤为重要。在全球范围内，不同国家对于数字货币的税务处理差异较大，这就要求中国在推广数字人民币的同时，加强与其他国家的税务法律协调与合作，确保跨境交易不会因税法不同而产生法律纠纷或避税问题。例如，可能需要与其他国家签订关于数字货币交易信息共享的协议，以便追踪和征税。

此外，增值税是对商品和服务销售额征收的税种，数字人民币的交易活动同样需要考虑增值税的问题。在使用数字人民币购买商品和服务时，商家需要为这部分交易额出具正规的发票并缴纳相应的增值税，与传统货币交易在税法上应保持一致性。同时，鉴于数字人民币的使用可能带来计算和申报的新问题，税务机关可能需要更新其技术系统和审计程序，以适应数字货币的特点。

在财产转移方面，数字人民币作为交易和投资的手段，其转移可能涉及资本利得税。政策制定者需明确数字人民币转移时的估值标准和税收政策，如何对数字人民币的增值部分征税，需要详细的法规支持和明确的操作指导。例如，如果个人通过数字人民币的投资获得了价值增长，则这部分增值应如何申报和纳税，是税法必须解决的问题。

对于遗产税和赠与税，数字人民币作为个人财产的一部分，其在个人死亡或赠与时的处理也是税法需要明确的领域。如何评估数字人民币在遗产中的价值、如何确保税务透明和公平，也是制定税法时不能忽视的问题。

六、数字人民币与国际支付系统法律的整合

国际支付系统是全球贸易和金融流通的重要基础，包含了跨境支付、结算系统以及相关的法律和监管框架。目前，全球的国际支付系统中，多是依靠如

SWIFT（环球银行金融电信协会）来进行管理和操作。然而，随着数字货币的兴起，特别是由政府支持的数字人民币的推出，现有的国际支付框架需要进行相应的适应和调整。

中国政府推出数字人民币的初衷之一在于提升跨境支付的效率，减少依赖传统银行体系的成本。要实现这一目标，就不可避免地需要解决与现行国际支付系统法律的融合问题。数字人民币的跨境使用涉及汇率管理、资金洗钱防控、恐怖融资防范以及个人隐私保护等多重法律问题。在整合过程中需要解决以下问题。

首先，需要解决的是法律地位的确认问题。虽然数字人民币作为我国的法定货币具有明确的法律地位，但在国际法中，其作为一种新型的资金传输方式如何被认定和接受则是一个法律问题。各国需通过双边或多边协议，明确数字人民币的法律地位及其在各自法律体系中的适用范围。

其次，跨境支付涉及的合规性问题也十分关键。例如，反洗钱和反恐融资法规在国际支付中占据重要地位。数字人民币在设计和操作时，必须确保其交易系统符合国际上普遍接受的标准，能有效识别和防范潜在的非法资金流动。

再次，隐私保护是数字人民币需要特别关注的问题。在欧洲等地区，数据保护已经上升为法律规范的高度，如GDPR规定了严格的个人数据处理标准。数字人民币的国际交易必须保证符合这些国际标准，以保护用户的个人隐私。

最后，金融稳定性也是一个不可忽视的问题。数字人民币的跨境应用可能对目标国的货币政策、金融市场和经济稳定造成一定影响。因此，相关国家和国际机构需要共同探讨和建立一套合理的机制，以监管和引导数字人民币的国际流动，防止其可能带来的负面效应。

此外，技术标准和系统兼容性也是推进数字人民币国际整合不可或缺的一环。不同国家和地区的支付系统和技术框架各不相同，数字人民币在国际应用中必须考虑到这一点，实现技术的统一或兼容，确保交易的顺畅和安全。

通过上述的法律和技术上的整合与创新，数字人民币能够在全球范围内更好地发挥其作为数字货币的优势，提高国际贸易与金融交易的效率与安全性，为全球支付系统带来深远的变革。在此过程中，中国与其他国家和国际组织的合作将会是关键，这不仅包括多边的法律与政策协调，也包括技术与操作层面的合作以及文化与监管思维的交流。

七、未来立法趋势与数字人民币的法律调整需求

在分析数字人民币的法律调整需求之前，我们必须认识到，现有的货币法律体系是在传统货币运作模式基础上建立的，涉及银行系统、金融监管、反洗钱以及支付清算等多个方面。数字人民币的出现打破了这一传统模式，特别是其数字化和去中心化的特点，给现有法律带来了前所未有的挑战。例如，数字人民币的匿名性较强，如何在保障用户隐私的同时，有效执行反洗钱法律，是一个亟须解决的问题。此外，数字人民币的跨境支付功能，也需考虑其如何与各国的外汇管理法律相衔接。

针对这些新出现的问题，新的立法趋势应当向着增强法律的灵活性和适应性方面发展。具体来说，未来的法律调整需求可以从以下五个方面入手。

（1）强化数字货币的法律地位：明确数字人民币作为法定货币的法律地位是首要的法律调整需求。相关法律需要明确数字人民币与传统纸币和硬币的等同性，确保法律对所有形式的法定货币都有清晰的定义和规范。

（2）完善用户权益保护机制：数字货币的使用涉及广泛的数字技术，如何保护用户的数据安全和隐私成为必须面对的严峻挑战。因此，加强对个人信息保护的立法，确保用户在使用数字人民币过程中的隐私权不被侵犯，是立法的重要方向。

（3）加强与国际法律的协调：由于数字人民币具有跨境支付的便捷性，如何在不同国家之间建立起一套有效的法律协调机制，以防范和解决可能的法律冲突，是另一个立法需求。这包括在反洗钱、反恐融资以及税收征管等方面与国际法律标准的对接。

（4）制定专门的风险管理和监管框架：数字人民币作为一种新型的金融工具，其风险特性与传统金融产品存在差异。因此，建立一个适应数字货币特点的风险评估、监管和应对框架是立法调整的重要内容。这包括对于发行、流通等环节的细致规制，以及对市场行为的监控和干预机制。

（5）落实技术安全标准：由于数字人民币依赖于复杂的技术平台，如区块链技术等，因此制定一套严格的技术安全标准和要求，对保障整个数字货币系统安全稳定地运行至关重要。这不仅涉及技术设计本身的安全要求，还包括对于操作过程中各种可能风险的预防和控制。

通过以上几个方面的法律调整，未来的立法可以更好地适应数字人民币所带来的新情况和新问题。随着技术的不断进步和市场环境的变化，数字人民币的法律调整需求将是一个持续的过程，这要求立法者、监管者以及所有相关行业持续关注技术与市场的最新发展，确保法律体系能够及时有效地响应这些新兴的需求。

第三章
数字人民币的监管框架

第一节 监管主体与职责划分

一、中国人民银行的监管角色与职责

中国人民银行的主要职责是制定与实施货币政策，维护金融稳定，促进金融发展。在数字人民币的背景下，这些职责被进一步具体化与细化。中国人民银行不仅需要研究和制定数字人民币的发行与回收政策，还必须确保其技术平台的稳定运行和数据安全。

具体到数字人民币的监管角色，中国人民银行负责建立完善的监管框架。这一框架的核心是保证数字人民币的安全性和功能性，确保其不受外部攻击且能够在各种情况下稳定运行。这包含了从技术安全到交易监控的多个方面。例如，中国人民银行需要建立健全系统防护措施，监控可能的网络攻击和防范潜在的金融欺诈行为。

除了安全监管，中国人民银行同样负责评估与审核数字人民币的法规合规性。例如，应确保所有市场参与者——无论是银行还是其他金融机构——在推动数字货币服务时，都必须遵循我国的法律法规以及国际金融标准。中国人民银行在此过程中需要与司法部门、金融监管机构等展开合作，形成一个跨部门的监管协调机制。

数据和隐私保护也是中国人民银行监管职责的重要部分。随着数据技术的日益发展，如何在保护个人隐私的同时合理利用数据，是数字人民币成功落地的关

键。中国人民银行必须确保所有个人和机构的数据都按照法律规定进行处理，同时建立严格的审查和监控体系，防止数据滥用或泄露。

在国际合作方面，中国人民银行也需要与其他国家的中央银行及国际金融组织进行广泛的沟通与合作。随着数字人民币影响力的扩大，如何在国际金融体系中占据有利位置，如何处理跨境支付与清算问题，都是中国人民银行需要面对的挑战。此外，中国人民银行还需积极参与国际法律法规的制定和修订，以推动数字货币领域的国际规范建设。

二、财政部的协调与管理职能

财政部在我国的金融体系中扮演着极为重要的角色，其不仅负责国家经济的宏观调控，还涉及税务、预算和其他与国家财政直接相关的多个方面。随着数字货币时代的来临，财政部的角色和职责进一步拓宽，尤其在监管数字人民币方面，财政部需要发挥其协调与管理的核心作用。

首要任务是确保数字人民币的发行和运营与国家的宏观经济政策保持一致，这需要财政部与中国人民银行等政策制定机构进行紧密的合作。财政部需确保所有政策措施都能够有效地支持数字人民币的稳定性和可靠性，避免出现可能干扰宏观经济稳定的风险。

同时，财政部在制定与数字人民币相关的税收政策和财政支持政策方面拥有决定性的影响力。例如，如何对使用数字人民币的个人和企业征税，如何设定符合数字经济特点的财政激励措施，都是财政部需要考虑的重要内容。这些政策不仅要确保税收的公平性和效率，同时也要促进数字经济的健康发展。

财政部还需要与法律监管部门共同研究并制定关于数字人民币的法律法规。这包括反洗钱、反恐融资以及保护消费者和投资者权益的相关规定。财政部在这一过程中负责提出政策建议，评估法规实施的经济影响，并在法规制定过程中提供财务数据支持。

此外，财政部还需承担起在国际舞台上代表中国参与数字货币相关的国际讨论和合作的责任。随着全球经济一体化的深入发展，数字人民币在国际交易和金融活动中的作用日益增强。

在风险管理方面，财政部还需要建立和完善数字人民币的风险评估和应对机制。与传统货币相比，数字货币可能面临不同的风险，如技术安全问题、操作错误、市场信任危机等。财政部需要通过建立健全风险监控体系，加强对市场动态的实时监控，及时发现并处置可能的金融风险和冲击。

三、商务部与工业和信息化部的监管合作

商务部主要负责监管和促进国内外贸易，因此在数字人民币的应用中，主要聚焦于如何促进数字人民币在国际贸易中的使用，以及如何通过数字货币提升跨境支付的便利性和效率。其目的不仅是促进贸易的便利，还包括利用数字货币的特性来防止洗钱、资金逃逸等风险，确保国家的经济安全。

工业和信息化部则主要聚焦于推动和监管国家信息技术和工业化发展，其在数字人民币的应用中关注更多的是如何通过技术手段保障数字货币的安全性和稳定性，以及如何利用先进的信息技术来优化数字货币的设计与功能，战略性地支持国家的数字化转型。

商务部与工业和信息化部的监管合作主要通过以下几个方面实现。

一是在政策和规章制定上的协同。两部门协同制定涉及数字人民币应用的国内外贸易政策与技术标准，例如如何在遵守世界贸易组织规则的前提下应用数字人民币进行国际结算，或者制定数字货币技术标准，提升系统的互操作性和安全性。这种政策协同不仅有助于形成统一的监管框架，也便于形成跨部门的合力，共同推动数字人民币的健康发展。

二是在监管执行层面的合作。如在跨境贸易中使用数字人民币时，商务部负责监督交易的合法性和正当性，工业和信息化部则确保交易的技术支持和数据安全。此外，工业和信息化部还需要确保数字货币的技术更新和维护与国际标准同步，保证交易的畅通无阻。

三是在国际合作与对外沟通中的共同参与。在推广数字人民币为国际货币时，两部门需要合作，与其他国家的商务及技术监管部门进行沟通，共同参与国际标准的制定。这种在国际舞台上的合作不仅有益于我国的货币国际化，也有助于形成国际上关于数字货币的统一认知与应用标准。

除此之外，处理潜在的法律和技术挑战也是商务部与工业与信息化部合作的重要方面。随着数字人民币应用的深入，将不可避免地涉及新的法律问题，如数字货币的法律地位问题、用户的隐私保护及数字货币交易的法律责任等。这些问题需要两部门在法律与技术层面上进行深入的研究和协作，共同制定相关的法律法规和技术规范，以保障数字人民币的合规使用。

四、国家网信办的网络安全监管

国家互联网信息办公室（简称国家网信办）作为中国网络空间的最高监管机构，其主要职责在于确保国家网络空间的安全和信息的顺畅流通。在数字人民币的运行环境中，网络安全尤为重要，因为数字人民币的运作完全依赖于网络平台，任何的信息泄露或网络攻击都可能直接影响数字人民币系统的稳定性和安全性。

国家网信办在数字人民币监管中的主要职责可以概括为确保数字人民币的数据传输安全、防范和应对网络攻击、监督数据处理活动的合法性及保护用户隐私权利。这些任务的实施不仅需要依靠先进的技术手段，还需配合严格的法律法规来进行。

数据传输安全是数字人民币运营的基础。因此，国家网信办制定了一系列标准和监管措施来保障数据在传输过程中的安全性。这包括加强对数据加密技术的监管，确保所有传输的数据都必须经过强化的加密处理，以防数据在传输过程中被截取或篡改。此外，对于数据传输的网络通道也进行了特别的规定，要求所有用于数字人民币服务的网络通道必须是经过认证的安全通道。

防范和应对网络攻击是国家网信办的另一项重要职责。随着数字人民币应用的推广和深入，它可能会成为网络攻击的高风险目标。国家网信办通过搭建国家级的网络安全监控中心，实时监控与数字人民币相关的网络活动，及时发现并响应各种网络安全威胁。同时，国家网信办还与其他国家和地区的网络安全机构合作，共享网络安全信息和防护经验，提高对跨国网络攻击的防御能力。

在监督数据处理活动的合法性方面，国家网信办注重加强对数字人民币服务提供者的监管。任何企业或个人在从事与数字人民币相关的数据处理活动时，都必须确保其行为符合国家关于数据保护的法规。国家网信办通过审查和认证相关企业的资质，确保它们在处理用户数据时，可以做到合法、合规、透明，尤其是在数据收集、存储和使用等环节，要严格遵守国家法律的规定，保护用户的个人隐私不被侵犯。

在保护用户隐私权利方面，国家网信办首要关注的是加强对数字人民币交易数据的保护。针对数字人民币的特殊性，制订具体的隐私保护指导原则和技术标准，确保在不泄露用户身份的前提下，完成交易的验证和记录。此外，国家网信办还推动组织了一系列用户教育和宣传活动，提升公众对数字人民币隐私保护的意识，引导用户正确理解和使用相关隐私保护工具。

通过这些措施的实施，国家网信办有效地加大了数字人民币的网络安全监管力度，为数字人民币的稳定运行和可持续发展提供了坚实的保障。而这样的监管工作不仅体现在技术和法律层面上，更通过国际合作等多维度的努力，展现了中国在全球数字货币领域中的责任与担当。

五、地方政府在数字人民币监管中的角色

中国作为一个法制健全且逐步推进法治国家建设的国家，在新兴技术尤其是金融科技的监管上具有其独特性。地方政府在这一监管体系中扮演着重要的角色并承担着重要的职责，其任务主要包括执行国家级策略、调动地方资源和履行监管职责、确保数字人民币的安全与合规运行、促进区域内的经济发展，以及参与国家与地方政策之间的协调和执行。

地方政府在执行国家数字货币政策方面发挥着至关重要的作用。例如，国家在推出数字人民币试点项目时，会选择不同的地区进行试点，地方政府需要负责具体的实施工作。这包括提供必要的基础设施支持、确保安全风险得到控制以及协调参与试点的金融机构和商户。通过这样的实践，地方政府不仅可以积累监管数字人民币的经验，还可以为数字人民币的进一步推广和完善提供实际数据和反馈。

地方政府在调动地方资源方面也有其独特性。地方政府可以利用当地的资源优势，如科技园区、高校和研究机构，推动数字人民币技术的研究与开发。这样的合作不仅能够推动技术进步，还能促进地方经济的转型升级。例如，深圳市通过与多家银行和科技公司合作，在数字人民币的技术测试和应用场景创新上取得显著成效。

监管职责的履行是地方政府的重要任务。在数字人民币的具体运行中，地方政府需确保各利益主体，包括消费者、商家和金融机构的权益得到充分保护。这不仅要求地方政府监测市场行为，防止和打击可能出现的诈骗、洗钱等违法行为，还需要确保数字人民币的交易和流通符合法律法规的要求。例如，地方政府需要与公安机关、市场监管部门等合作，共同对市场进行监督，确保数字人民币的合法性和安全性。

加强地方政府与中央政府之间的协调和沟通，是保证数字人民币监管效率和效力的必要条件。在数字人民币的政策制定和执行过程中，中央与地方的信息共享和政策协调机制显得尤为重要。此外，地方政府还需要与国际监管机构进行交流和学习，引进国际先进的监管经验和技术，为数字人民币的国际化铺路。

六、跨境监管合作机制

数字人民币跨境监管合作机制的构建是确保其安全、有效运行的关键。这一机制主要包含多个核心方面：法律法规的协调、监管信息的共享、监管技术的互联互通和跨境支付系统的安全管理。

法律法规的协调是跨境监管合作的基石。各国法律体系差异显著，对于数字货币的定义、使用及其监管可能存在不同理解和规定。因此，建立一个共识或至少是部分兼容的法律框架是前提。例如，关于数字货币的分类（是否为货币、资产或类似于传统货币的支付工具）、反洗钱与反恐融资的标准以及投资者和消费者保护等方面，都需要在国际层面上达成高度一致，以避免法律法规上的空白或冲突。

监管信息的共享涉及敏感数据的处理和隐私保护。在建立跨境监管合作机制时，如何平衡监管需要和个人隐私权的保护是一个重要议题。实现监管数据的透明和共享，需要通过加密技术和严格的数据使用协议来保证数据在安全的范围内流通，同时确保各国相关监管机构能够及时获取关键信息以应对潜在的金融风险和欺诈行为。

监管技术的互联互通则是提效跨境监管合作的工具。随着区块链等新兴技术的应用，监管机构可以利用这些技术实现高效的跨境监控，如通过分布式账本技术（DLT）记录和验证跨境交易，实现交易的透明度和可追溯性。同时，通过智能合约等自动化工具，可以在确保合规的前提下简化跨境交易流程，降低操作成本。

跨境支付系统的安全管理是确保数字人民币跨境安全应用的实际操作层面。这包括建立健全网络安全防护措施、对跨境支付通道进行严格监控以及制定紧急情况下的应对策略。例如，监管机构需要确保所有参与方都能够防范网络攻击，加强系统的抗压能力，同时确保在发生系统故障或安全事故时，能够迅速采取应对措施，降低对经济和社会的影响。

通过上述措施，可以构建一个全方位、多层次的跨境监管合作机制，不仅能够确保数字人民币运行安全、高效，还能加强国际金融监管合作与信任，为全球金融稳定和经济发展贡献力量。这种合作机制既有助于推动全球数字货币市场的健康发展，提高国际金融体系的整体适应性和韧性；又能有效打击跨境犯罪，保护投资者和消费者的权益。

七、非政府机构的参与与职责

非政府机构在数字人民币的监管框架中，主要包括商业银行、支付机构、科技公司以及各种专业服务机构等第三方实体，这些机构的合理参与对于构建完善的数字人民币监管体系至关重要。

商业银行是数字人民币流通和监管的主力军。作为传统货币流通的主体，商业银行在数字货币体系中自然发挥了类似的作用。它们不仅需要在政府指导下管理数字人民币，还需要确保交易的合法性和安全性。这一过程包括对客户身份的验证、交易记录的保存和分析，以及防范洗钱等非法交易活动的措施。此外，商业银行还需要对接国家的政策导向，参与数字人民币的创新试验项目，提供技术和服务支撑，推动数字人民币的广泛应用和功能拓展。

支付机构则是连接用户与银行、确保数字人民币流通的另一核心力量。这些机构通过提供便捷的电子钱包、移动支付等服务，极大地提高了数字人民币的用户接受度和使用频率。它们在监管框架中的职责包括确保支付系统的安全性、处理交易纠纷、监控可疑交易等。同时，支付机构也需严格遵守国家关于数字货币的法规和指导原则，包括《中华人民共和国数据保护法》《中华人民共和国消费者权益保护法》等相关法律法规。

科技公司特别是大数据及区块链技术服务商，在数字人民币的监管框架中同样占据重要位置。这些公司通过提供技术解决方案，不仅增强了数字人民币系统的技术支持，也提升了系统的透明度和安全性。例如，利用区块链技术的不可篡改性，可以有效地记录每一笔交易，保证金融活动的真实性和可追溯性。科技公司在遵守国家法规和政策的前提下，需要持续创新，提供防范技术风险的方法，包括网络安全、信息加密技术等领域。

此外，标准化机构和专业服务机构在数字人民币的监管体系中发挥着专业化的辅助作用。标准化机构负责制定和推动实施包括支付标准、安全性标准在内的各类标准，这对确保行业内的统一性、互操作性大有裨益。而像法律、会计以及咨询类型的专业服务机构，则主要提供法律咨询、市场分析、合规审查等服务，帮助其他机构更好地遵守法规要求，应对可能的市场风险。

八、监管责任的法律依据与修订需求

监管责任的法律依据主要来源于现行的金融监管法律、政策以及相关的国际准则。这些法律和规章确定了监管机构的权力和责任，明确了其在维护金融稳定、保护消费者利益及促进金融创新中的角色。然而，数字人民币的特殊性质和操作模式带来了诸多新的法律问题和挑战，这就要求现有法律框架必须进行相应的修订和更新，以便更好地应对新的现实需求。

首先，法律依据的修订体现在对于监管权限的明确化。当前，涉及数字货币的多个部门如中国人民银行、国家金融监督管理总局、网络信息部门等，在监管责任上可能存在重叠或不明确的情况。因此，通过修订现有法律，明确各监管机构在数字人民币监管中的具体职责与权力，是保障监管效率和避免监管真空的关键。

其次，修订法律还需加强对数字人民币交易和运用的详细规定。其中，包括数字人民币的发行、流通、使用在内的各个环节，都需要具体、明确的法律指导。这包括如何确保交易的透明度，如何防范和打击洗钱、恐怖融资等违法行为，以及如何保护消费者的隐私和数据安全。

再次，法律修订还需要解决数字人民币带来的国际法律合作问题。随着数字经济的全球化发展，数字人民币不可避免地要涉及跨境交易和国际金融活动，这就要求制定相应的国际法律标准和执行机制。国际合作在这里显得尤为重要，以便构建一个共同的监管框架和合作平台，确保监管措施的全球一致性和效力。

最后，法律修订还包括对技术变革的适应性问题。数字人民币的技术基础如区块链等尚处于不断发展和变化之中，监管框架的设计和调整需要能够及时反映这些技术进步的情况，确保不会因技术的快速发展而导致法律滞后。这要求监管者和立法者具有前瞻性视角，能够预见可能的技术演变并相应调整法律政策。

第二节 监管原则与目标设定

一、监管原则的制定与适用

数字人民币作为一种全新的货币形式，其法律监管的必要性和复杂性在整个金融领域中占有重要地位。监管原则的制定与适用对于确保数字人民币的健康发展、防范金融风险以及保护消费者权益具有关键性意义。在实际的监管过程中，应当综合多方面的因素制定出相应的监管原则，并确保这些原则在实际运行中得到有效执行以实现监管目标。

第一，数字货币的监管原则需要明确法律的主导地位。在监管框架中确立法律的首要地位是保障数字货币运行安全的基本出发点，需要通过构建完善的法律体系来调整和指导数字人民币的运营。这包括针对数字货币发行、流通、交易、转账、反洗钱和用户隐私保护等方面的法律规定。

第二，监管原则中强调的是透明度原则。在数字人民币的监管中，各方信息的透明共享对于监管效果的提高至关重要。包括交易信息、账户信息等都应当在不违反用户隐私的前提下，对监管机构开放以保障监管部门能够及时了解市场动态，有效识别和应对潜在的风险。同时，透明度也要求监管政策和操作规程对外公开，以赢得公众的理解和信任。

第三，调整性和弹性是数字货币监管原则中不可或缺的部分。由于数字货币特别是数字人民币领域的快速发展与创新，相关的法律与监管框架也应具有一定的灵活性，以适应技术进步和市场变化的需要。监管规则应当在确保基本原则不变的前提下，对特定情况和变化持开放态度，并可进行适当的调整。

第四，风险预防原则是构建在数字人民币监管原则之中的根基。监管机构应建立一套系统的风险评估和应对机制，加强对数字货币市场的监控和预警。通过对风险的早期识别和及时介入，有效遏制问题的扩大和风险的蔓延。

第五，监管原则中还应包括保障和促进公平竞争的措施。确保所有数字货币市场参与者在公开和公平的环境中竞争，防止市场垄断和不正当竞争行为，维护和稳定良好的市场秩序。

此外，国际合作也是监管原则的重要方面。鉴于数字人民币可能的跨境使用场景，其监管不仅需要国内法规的配合，还需要与国际监管机构进行有效合作。通过建立跨境监管合作框架，实现监管信息的共享和监管措施的协同，可以更好地防范和处理跨国金融风险。

二、目标设定的理论基础

目标的明确设定不仅有助于监管机构制定有效的政策和措施，而且可以确保数字人民币运营的安全性与合规性，同时促进整个金融体系的健康发展。

目标设定的理论基础首先涉及监管目标的分类。在数字货币的监管中，目标往往可以分为保护消费者、保证系统安全稳定、防范和打击金融犯罪、促进技术创新和市场竞争，以及维护国家货币政策的有效实施等。每一个目标的确立都基于特定的经济理论和政策导向，例如，保护消费者的目标反映了消费者权益保护的基本政策理念，保证系统安全稳定则是基于整个金融系统运作的基本需求。

在数字人民币的监管原则中，透明度原则和公平性原则是核心。透明度原则要求监管政策和过程应该对所有市场参与者公开，以确保所有参与者在同一信息状态下做出决策，这有助于增强市场的预测性。公平性原则是指在监管过程中各方利益应得到平衡，确保没有任何市场参与者因监管偏差受到不公平对待。

从风险管理的角度看，目标设定的理论基础还必须包括对可能风险的预测和评估。数字人民币作为一种新兴的支付工具，潜在风险包括技术风险、法律合规风险、市场风险等。监管目标的设定应当根据这些风险的特点，制定相应的风险控制和应对措施。例如，对技术安全的持续监控、对合规要求的不断更新、以及对市场波动的有效预防措施等。

在国际合作方面，目标设定的理论基础也包括了对国际法律和监管标准的考量。由于数字人民币的使用可能跨越国界，如何在不同的法律体系和监管环境中保持监管效力，是国际合作中的一个重要议题。这就要求制定具有国际视角的监管目标，与国际标准接轨，同时处理好司法管辖权的问题，确保跨境交易的安全和合法性。

数字人民币的监管目标设定应当是一个综合考虑多方面因素的过程。这包括经济发展的阶段、技术的成熟度、市场的接受程度，以及公众的意识等。只有这样，才能形成一个全面、科学、系统的监管框架，有效促进数字人民币的健康发展和广泛应用。通过这样的框架，不仅可以保护消费者的利益、保障金融市场的稳定性，还可以在国际舞台上展示中国在数字货币领域的领导力，促进中国在全球金融系统中的合作与发展。

三、保护消费者利益的监管目标

在数字货币快速发展的当下，确保消费者的利益不受侵害是监管机构需要重点关注的问题。对此，监管策略需要综合考虑经济、技术、法律等多个方面，以形成有效的监管框架。

消费者利益的保护在数字人民币监管中的重要性不言而喻，这不仅涉及消费者个人资产的安全，也关系数字经济环境的整体健康和公信力。在监管策略设置中，必须切实考虑以下几个方面。

（1）消费者权益的保障。这包括确保消费者在使用数字人民币过程中的资金安全、交易的透明度以及个人隐私的保护。在实际操作中，各种安全机制的建立是基础，如加密技术的应用，保障数据在存储和传输过程中的安全与秘密。同时，透明度要求监管部门和发行机构在进行重要的政策调整或技术更新时，应广泛听取公众意见，并明确公开信息，确保消费者及时了解对其权益可能产生影响的所有信息。

（2）消费者教育与信息普及。对于新兴的数字人民币产品，消费者可能缺乏足够的认知和理解，这增加了他们面临欺诈和误操作的风险。因此，监管机构应制订相应的消费者教育计划，通过多种渠道普及数字人民币的知识，包括其运作模式、风险提示、安全使用方法等，帮助消费者提高风险防范意识和理财能力。

（3）适应性法规的制定。监管框架应当具备一定的弹性，以适应快速变化的数字货币市场和技术进步。这意味着监管规则需要定期更新，以覆盖新出现的风险点和漏洞。此外，监管机构应建立紧密的国际合作网络，与其他国家的监管部门共享信息、经验，并协调监管措施，以防范和处理跨境欺诈等问题。

（4）建立健全消费者申诉和救济机制。在消费者权益受损时，应有明确便捷的渠道和程序用于申诉，且处理结果需公正且有效。数字人民币的监管机构应设立专门的服务窗口或平台，处理消费者的投诉和救济申请，保障其合法权益得到实质性解决。

（5）监督与执行力的加强。监管不仅是制定规则，更重要的是规则的实施与执行。必须确保所有监管规章均能得到有效执行，对违反规定的行为进行严格的监督和惩罚。监管机构需要配备充足的资源，并采用现代化的监管技术，如大数据分析和人工智能等，以提高监管效率和准确性。

通过综合考虑上述各个方面，可以构建一个全面而有效的数字人民币监管体系，不仅能够保障消费者利益，也有助于推动数字货币市场的健康发展。此外，这种监管框架的建立和完善还会加强公众对数字人民币系统的信任，促进其在国内外的广泛接受和使用。

四、促进市场稳定的监管目标

市场稳定不仅关系到数字货币的健康发展，也直接影响到经济体系的整体安全与效率。因此，制定有效的监管策略，确保数字人民币能够在不引发市场动荡的前提下运行，是监管者面临的重要任务。

数字人民币作为一种新兴的货币形态，其引入市场的方式及其运营模式，与传统货币有诸多不同。这些差异要求我们构建一套具有前瞻性和针对性的监管框架，以应对可能出现的各种风险。市场稳定的监管目标主要涉及以下几个方面。

（1）风险识别与评估：监管部门需要对数字人民币运行中可能出现的风险进行全面的识别和评估。这包括系统性风险、操作风险、市场风险等。通过建立一套全面的风险评估机制，监管者可以及时发现问题并采取措施进行干预。

（2）监管技术与工具的创新：为了应对数字货币所带来的新型挑战，监管技术和工具也需要相应地创新。例如，利用大数据、人工智能等技术进行实时监控和分析，可以更有效地识别和应对突发事件，确保市场的平稳运行。

（3）法规与政策的适时更新：随着数字人民币应用场景的不断扩展，相关的法律法规也需要不断完善。监管框架须随着市场的实际发展进行适时的调整和更新，以确保规章制度能够全方位地涵盖所有新出现的问题和风险点。

（4）市场参与者的合规教育：监管部门还需要加强对市场参与者，尤其是投资者和服务提供者的合规教育。通过组织培训、研讨会等形式，提高他们的法律意识和风险管理能力，这是确保数字人民币市场稳定的重要措施。

（5）跨部门及国际合作：由于数字人民币的跨境属性，国内外的监管机构需要加强合作，共同建立一套协调一致的监管标准和机制。通过国际合作，可以有效避免监管套利，并共同提升监管效率。

（6）紧急应对机制：设置有效的紧急应对机制对于防范和处理突发金融事件至关重要。这包括快速反应机制、资金注入机制等，确保一旦市场出现不稳定，监管部门便可即刻介入，最大限度地减少不稳定因素对市场的影响。

（7）消费者权益保护：在促进市场稳定的同时，监管框架还应确保消费者权益的保护。监管机构应确保消费者对数字人民币的使用充分了解，能够得到必要的帮助和保障，而这些都是保障市场稳定不可或缺的部分。

通过以上方面的综合调整和优化，可以形成一个既能促进数字人民币健康发展，又可以保护投资者利益并维系市场稳定的监管环境。在这个过程中，监管原则与目标设定的科学性和前瞻性是关键。监管策略的制定必须基于对市场动态的深入理解和准确预测，以确保在全球金融环境中，数字人民币能够稳健发展，而不会引发不必要的波动或危机。

五、防范和治理金融风险的监管目标

监管数字人民币防范金融风险的核心目标包括维护金融市场稳定、保护投资者权益、防止滥用和欺诈以及促进金融创新与健康发展。实现这些目标需要监管机构不仅深入了解数字人民币的技术特点，还要把握金融市场的运行规律，同时积极与多方进行协作，形成合力。

维持金融市场的稳定是监管数字人民币工作的首要目标。数字人民币的引入应遵循不干扰现有金融体系稳定的原则，确保其发行和流通不会引起市场的过度波动或系统性风险。这要求监管机构建立有效的市场监测机制，及时准确地获取市场动态，对可能出现的异常交易活动进行迅速反应和处理。

保护投资者权益是监管的另一重要方面。数字人民币作为一种新型金融工具，其复杂性可能会超出普通投资者的理解范畴。因此，增强投资者教育和提供透明的市场信息显得尤为重要。此外，设计相关的保护措施，如确保数字人民币产品和服务的质量，制定合理的风险提示标准，都是保护投资者免受不公平对待或金融诈骗伤害的有效策略。

防止滥用和欺诈是实现金融安全的关键。数字人民币可能由于其数字化特性被用于非法活动，如洗钱和资助恐怖主义等。监管机构必须构建强大的法律框架和技术手段，如使用区块链技术提高交易的透明度和可追溯性，同时与全球监管机构合作，共同打击跨国金融犯罪活动。

促进金融创新与健康发展也是监管数字人民币不可忽视的方向。创新是推动金融行业前行的重要动力，合理的监管应当既要防范风险，也要为创新提供空间。监管框架需保持灵活性，适时调整以适应市场发展和技术进步。通过建立一个公平、透明的规则体系，可以鼓励更多的企业参与数字人民币的服务与发展，推动整个金融生态系统的繁荣与进步。

通过上述细致的规划和实施，数字人民币的监管机构可以有效地设定和实现防范及治理金融风险的目标，为数字货币的健康发展打下坚实的法律与监管基础。同时，这也将增强公众对数字人民币安全性的信心，促进其在全球范围内的接受和使用。在此基础上，监管机构还应持续跟踪国际监管动态和技术发展，不断优化监管策略，确保数字人民币能够在保障金融安全的前提下，支持经济的持续健康发展。

六、促进技术创新与发展的监管目标

数字人民币的引入与广泛应用不仅是金融科技领域的一次简单升级，更是金融科技领域创新发展的重要驱动力。因此，制定适合的监管目标，旨在通过法律与政策的支持来推动技术创新，同时确保这些创新在安全和法规的框架内进行，是数字人民币成功推广与应用的关键。

数字金融技术的不断进步，尤其是区块链、人工智能等技术在数字人民币的应用中扮演了核心角色。监管机构需要认识到，只有在一个健康、有序的创新环境中，这些技术的潜能才能得到最大化激发。因此，制定鼓励创新的监管政策，不仅有助于技术的持续进步，还可以促进整个金融生态系统的繁荣发展。

监管目标的设定需关注几个核心要素：第一，明确技术创新的边界条件。这意味着监管政策应清晰界定哪些技术实践是被允许的，哪些是需要被限制或禁止的。例如，在数字人民币的设计与运用中，如何处理用户隐私问题、交易透明度等，都需要在监管策略中得到恰当处理。第二，建立一个包容性强的监管沙盒环境。监管沙盒允许企业在可控的环境中测试新的金融产品和服务，而不必一开始就完全符合广泛的法规要求。这种方法不仅可以减少初创企业的市场进入壁垒，还可以让监管者更直接地了解新技术和业务模式的运作，从而制定更为合适的规则和政策。第三，促进跨部门及跨国界的监管合作。数字人民币作为一个跨国界的潜在支付解决方案，其技术创新与应用的监管不应局限于单一国家。监管机构应与其他国家的监管机构以及国际金融组织合作，共同研究和制定国际适用的监管框架。这种合作能够带来的不仅是统一的监管标准，更重要的是能在全球范围内推广技术创新和法规的最佳实践。第四，确保监管政策与技术发展的同步性。技术的发展日新月异，监管政策同样需要快速适应新的技术局面。监管框架的设计应具备足够的灵活性，以便可以快速调整以应对技术的迭代更新。这需要监管机构不仅对现有技术有深入的理解，还应对未来的技术趋势有前瞻性的预判。

在合规性要求方面，监管目标还需确保所有的技术创新都符合法律法规的要求，不仅包括技术安全和数据保护方面，更包括促进消费者权益保护、防范和控制金融风险等方面。这要求监管者在鼓励创新的同时，不能放松对现有法规的执行和对新出现问题的监控。

七、监管合作与国际标准的对接

数字货币的全球性特点要求各国监管机构不仅在国内设立严格的监管规范，更应通过国际合作来应对跨境支付、非法洗钱等复杂挑战。现阶段，国际金融体系中数字货币的快速发展，尤其是国家支持的数字货币如数字人民币的推出，已经引起了全球监管机构的高度关注。

数字人民币的跨国交易潜力巨大，这不仅能够促进国际贸易的便利化，还有可能改变全球金融市场的竞争格局。因此，建立一个有效的监管合作框架，以及与国际标准的高效对接，成为确保数字人民币稳健发展的核心要素。这包括了解和融入国际金融监管标准、防范和管理跨境金融风险、保护投资者权益以及促进金融市场的公平竞争。

为了促进监管合作与国际标准的有效对接，需集中关注以下几个关键方面。

（1）与国际主要经济体的监管机构，如国际货币基金组织（IMF）、世界银行、国际支付银行（BIS）等进行深入对话与合作，共同探索适用于数字货币的监管原则和实践。这种合作不仅可以在制定国内监管政策时参考国际经验，也有助于形成国际上关于数字货币监管的共识，为数字人民币的国际化奠定法律与合规基础。

（2）针对数字货币的特殊性，制定与国际法律兼容且具有前瞻性的监管规范极为重要。数字货币的匿名性、可追踪性以及其技术基础（如区块链技术的复杂性），都给法律监管带来了前所未有的挑战。因此，在构建监管框架时，必须考虑如何综合运用技术手段与法律措施来实现有效监管。

（3）为了应对由数字货币引发的潜在金融风险，加强国际监管机构之间的信息共享和技术交流显得尤为关键。这不仅有助于监管机构准确评估与应对风险，也有助于加强跨境监管合作，共同打击金融犯罪，如洗钱和恐怖融资等。

（4）国际合作还会涉及数据保护和个人隐私权的问题。随着数字技术的发展，数据成为一个跨国界流动的要素，确保个人数据在符合监管要求的同时得到妥善保护，是数字货币监管中必须考虑的另一个重要方面。在进行国际标准接轨时，需要重视与全球数据保护规则的协调，确保在促进数字人民币国际化的同时，也能保障用户的隐私和数据安全。

（5）监管合作与国际标准的对接还必须考虑文化差异和地缘政治因素，尤其是在涉及主权货币和国家安全的问题上。在设计与实施国际合规标准时，必须兼顾各国的经济特殊性和政治敏锐性，采用灵活多样的合作方式，以减少国际政治经济的摩擦与冲突。

通过以上措施，可以建立一个全面、高效、安全的数字人民币国际监管框架，为数字人民币的健康发展和国际化打下坚实的法律与合规基础。这不仅需要国内监管机构的智慧和努力，更需要国际社会的广泛合作与支持。

第三节　监管手段与措施

一、技术监管工具的应用

随着科技的进步，尤其是信息技术的飞速发展，监管手段也必须适应新的挑战和需求。技术监管工具的运用不仅可以提高监管的效率和效果，还能在一定程度上预防和减少金融风险，保证数字人民币的安全稳定运行。

在技术监管工具中，区块链技术是数字人民币监管中的一大应用。区块链技术提供了一种去中心化的数据管理方法，其独特的数据不可篡改性和可追溯性使其成为监管数字货币的有力工具。通过区块链技术，可以实现对数字人民币交易的全面监控，确保每一笔交易的真实性和合规性。此外，区块链的透明性使得监管机构能够实时获取交易数据，大大提高监测和预警的效率。

在技术监管工具中，另一大应用是大数据技术。随着数字人民币交易量的增长，对交易数据进行有效管理和分析显得极为重要。大数据技术可以帮助监管机构从海量的交易数据中提取有用信息，进行行为分析和模式识别，从而识别出潜在的非法交易和风险行为。此外，大数据还可以用来分析数字人民币对市场的影响，为监管政策的制定和调整提供数据支撑。

智能合约也是数字人民币监管中不可或缺的技术工具。通过在区块链平台上运用智能合约，可以实现自动执行合约条款的功能，从而保证交易的合规性。智能合约的自动执行性减少了人工干预，降低了错误和欺诈的可能性，同时提高了监管的实时性和准确性。

人工智能和机器学习技术的应用也逐渐扩展至数字人民币的监管中。通过人工智能技术，监管机构可以对复杂的数据进行深入分析，识别出复杂的交易模式和潜在的风险因素。机器学习算法可以在大量的交易数据中自我学习和优化，持续提升风险识别和预防的能力。这些技术的应用不仅提高了监管的精准度，还能动态调整监管策略，应对数字金融环境的快速变化。

技术监管工具的应用对于保障数字人民币的监管工作至关重要，它们通过提供高效、自动和智能的监管手段，为数字人民币的稳定发展创造了有利条件。监管机构需要持续关注技术发展的最新趋势，并不断调整和优化技术工具的应用策略，以确保能够有效应对新的挑战。通过这些高科技的监管工具，可以更好地构建一个透明、公正和安全的数字货币环境，为用户提供更加可靠和便捷的服务，同时也保护了市场的整体安全和稳定。

二、数据保护与隐私安全措施

在数字货币的运作过程中，涉及大量的个人和机构信息，这不仅关系到用户的财产安全，更涉及个人隐私和数据安全。因此，建立健全数据保护机制是确保数字人民币系统健康运行的基础。

在探讨数据保护与隐私安全措施时，应重点关注以下几个方面。

（1）数据加密技术的应用是数字人民币保护用户信息的第一道防线。针对数字人民币交易系统中存在的信息安全隐患，应采用高标准的加密技术来确保所有交易数据在传输和存储过程中不被非法窃取或篡改。同时，对于密钥管理也应当严格，确保密钥的生成、存储、使用、销毁等环节的安全。

（2）身份验证机制的完善亦为有效的安全措施之一。在用户进行数字人民币交易时，必须通过多重认证机制，如二因素验证、动态口令等方式以确保交易的当事人是其声称的用户本人。这种方式能有效避免身份盗用等安全问题。

（3）隐私保护措施需要在确保交易安全的同时，保障用户的个人信息不被泄露。数字人民币系统应采用匿名或部分匿名的方式处理交易，例如，通过隐藏用户的具体身份信息，只向必要的交易监管机构展示必要的身份信息。此外，还应实施严格的数据访问控制，确保只有授权的人员才能访问相关信息，并对访问的信息进行严格的监控和记录。

（4）信息披露义务也是监管中不可忽视的环节。数字人民币的发行和运营机构应当向用户明确其信息将如何被收集、使用、存储及可能的共享情况。此外，应当定期向社会公布数据保护的相关措施和隐私保护的执行状况，增强透明度，建立用户信任。

（5）法律法规的制定与更新也十分关键。随着技术的发展和市场的变化，相关的法规也需及时更新以应对新的挑战和风险。监管机构应制定专门针对数字货币的数据保护法规，并与国际标准接轨，形成有效的法治保障系统。

为强化数据保护与隐私安全的监管，还需要建立全方位的监督机制。这包括技术监督、市场行为监察以及法律执行等多个层面。同时，也需要公、私部门的合作，如与数据安全专业机构合作，共同研发更先进的防护技术和响应策略。

通过上述措施的实施，可以在保护用户隐私和数据安全的基础上推动数字人民币的安全、健康发展。数字人民币作为新兴的支付方式，其安全性直接影响金融安全和金融稳定。因此，构建并不断完善监管框架，确保数据保护和隐私安全措施得到有效实施，对于维护金融市场的正常运作和保障人民的利益至关重要。

三、跨境支付监管策略

数字人民币跨境支付涉及货币兑换、国际贸易、资金流动以及反洗钱等多个层面，需要一套全面而细致的监管策略来确保交易的合法性、安全性和效率。

首先，监管策略需要确保跨境支付的合法性。数字人民币作为一种新兴的数字货币，其合法性需在国际法律框架内得到认可和支持。各国中央银行及金融监管机构必须建立相互认可的法律基础，以便数字人民币可以在全球范围内被接受和流通。这包括加强与国际货币基金组织、世界银行等国际金融机构的合作，共同研究并推动数字货币的国际法规标准制定。

其次，监管策略需专注于防范与管理跨境支付中的风险。数字人民币的匿名性和网络属性可能会被用于非法资金流动和洗钱行为。因此，建立一套有效的身份验证和交易监控系统是必不可少的。通过实施先进的反洗钱技术和持续的交易监控，监管机构可以及时识别和处理异常交易，减少金融犯罪行为。

再次，跨境支付的监管策略还需要考虑到操作的效率性。数字人民币的实时结算特性以及较低的交易成本在本质上提高了跨境支付的效率，但同时也需确保所有交易的安全性和合规性。监管机构可以通过引入区块链技术来提高支付系统的透明度和追踪能力。区块链的分布式账本技术不仅能够减少欺诈行为，还能够提高交易的速度和降低成本。

从次，在跨境支付的监管策略中，还应着重考虑数据保护和隐私权的问题。随着数字人民币的应用拓展至国际市场，用户数据的安全性和隐私保护成为不可忽视的重点。监管机构需制定严格的数据保护规则，确保所有参与方的个人及交易信息得到妥善保护，不被未经授权访问或滥用。

最后，跨境支付监管策略中也应包括对技术创新及其带来的潜在影响的评估。随着科技的不断进步，新的支付技术和方法不断涌现，监管框架需能够适应这些变化，既要抑制风险，又要鼓励创新。这要求监管机构与科技企业、学术界，以及其他参与者保持密切的沟通与合作，共同推动数字人民币跨境支付的健康发展。

四、反洗钱与反恐融资要求

在制定针对数字人民币的反洗钱与反恐融资监管策略时，需要综合考虑国内外监管经验与现实挑战。数字货币的交易数据完全可以在区块链上进行追踪，这为监管机构提供了新的技术手段来进行监控和分析。利用大数据和人工智能技术，可以对交易行为进行更为精细和实时的监控，及时识别和响应可疑交易活动。

监管机构应当建立健全数字人民币监管框架，明确金融机构在防范洗钱和恐怖融资方面的责任与义务。具体措施包括要求金融机构对用户进行适当的身份验证，确保数字人民币的用户身份信息能与传统金融系统中的信息相对应。此外，金融机构应对所有交易实施监控，对高风险或大额交易实施更严格的审查，及时上报可疑交易。

在技术层面，监管机构应推动金融科技的应用，如利用区块链技术提高透明度和追踪能力。区块链的不可篡改性和全历史记录的特性使得所有的交易都可被完整保留并随时查询，这不仅可以防止洗钱行为的发生，同时也为后续的法律审查或调查提供了依据。

在国际合作层面，随着数字人民币可能在全球使用，需要在国际层面建立协作机制，与其他国家的监管机构共享信息，共同打击跨境犯罪。这包括通过与外国银行及其他金融机构的合作，实现数据的即时交换，以便于迅速追踪涉及国际交易的洗钱与恐怖融资活动。

监管部门还应加强对公众的教育和宣传，提高公众对洗钱和恐怖融资风险的认识，尤其是在数字人民币的使用中需要注意的安全问题。通过教育培训，提升用户对于安全风险的辨识能力，不仅能够减少被犯罪分子利用的机会，同时也能提高整个支付系统的安全性。

监管策略应是动态调整的，监管机构需要根据市场发展和技术进步不断更新监管工具和方法。随着数字人民币使用的普及和技术的发展，监管框架也应适时调整，以应对新的挑战和风险。监管不仅要保证金融安全，更要推动金融技术的创新和健康发展。

通过这些措施，可以有效地提升数字人民币在反洗钱和反恐融资方面的监管效率和效果，为数字人民币的安全运行和健康发展奠定坚实基础。此外，有效的监管不仅能够保护消费者权益，还能维护金融市场稳定，促进社会经济的和谐与发展。

五、市场行为和消费者保护

鉴于数字金融的迅猛发展带来的特殊性与复杂性，监管机构需要制定翔实的规则和标准，确保所有市场参与者的行为都在一个公平、透明的环境中进行，同时保护广大消费者的合法权益不受侵害。

市场行为的监管是确保数字人民币交易的规范性和安全性的关键。监管机构须通过建立健全法律法规，来规范数字人民币的发行和流通过程中的所有市场主体行为。这包括对数字人民币的发行机构、交易平台、支付机构等提出严格的准入和退出标准，以及对其资质、资本、技术能力和审核过程的具体要求。这样可以有效防止市场操纵、欺诈、洗钱等违法违规行为的发生，提高市场效率与透明度，提升公众对数字人民币系统的信任。

消费者保护则是数字人民币普及过程中不可或缺的一环。监管政策需要传达明确的保护信息，教育消费者处理数字资产时应注意的问题，如识别非法诈骗、理解数字货币的波动性等。此外，要建立健全消费者权益保护机制，包括风险提示、数据保护、交易纠纷处理等措施。如建立紧急应对机制，当消费者的数字钱包被非法侵害或交易出现问题时，能够迅速响应并采取措施保护消费者的资产安全。

从技术方面来看，监管机构还需要关注与市场行为和消费者保护相关的技术创新，加强对算法交易等新兴业务的规范，确保这些技术的应用不会破坏市场公平或损害消费者利益。监管机构应通过与技术发展同步的政策制定，有效应对新技术带来的挑战。

此外，国际合作在市场行为与消费者保护中也占据了重要地位。由于数字人民币等数字货币的跨国特性，其产生的任何问题和风险往往也是全球性的。因此，建立跨国监管合作机制，共享监管信息，协同打击跨国违法违规行为，对保护消费者权益、维护金融稳定具有重要意义。国际监管机构需要通过定期的会议、共建监管框架和技术平台等方式，加强合作与沟通，形成统一高效的监管手段。

在数字人民币的市场行为与消费者保护中，法律监管需要不断创新并适应新的市场环境和技术发展。监管政策、技术手段和国际合作的动态调整是确保数字人民币健康发展、有效防范风险、保护消费者权益的关键。通过这些措施，能够为数字人民币的市场环境创造一个更加稳定、公正的合法框架，从而推动整个行业的持续健康发展。

六、合规性检查和审核机制

合规性检查和审核机制关注的是确保所有的数字人民币交易活动、发行流通以及相关参与方严格遵守国家法律法规和政策的要求。

在合规性检查方面，中国人民银行及其授权的财务监管机构应对数字人民币的运营活动进行定期检查，并以监管科技的工具和方法作为支撑，实现对大数据环境下交易行为的实时监控。通过构建一套全面的监控系统，监管机构能够及时发现并处理异常交易模式，有效预防和打击洗钱、恐怖融资等非法行为。此外，该监控系统也将确保数字人民币操作的透明度，从而维护市场的公平性与提高交易效率。

对于审核机制的设立，它确保了数字人民币在发行和流通过程中的合法性。

这包括验证各参与银行和非银行金融机构在发行和管理数字人民币时是否遵守了相应的资本充足率、反洗钱及客户身份识别等合规性要求。审核机制同样对技术安全性进行严格审查，确保所有系统在设计和实施时均符合国家安全标准，包括数据加密、交易的匿名性处理、安全存储等，以保护用户资金安全和个人隐私。

合规性检查和审核机制的实施，不仅需要制度的支撑，也需要技术的配合。例如，利用区块链技术的特性，如数据不可篡改和可追溯性，监管机构可以更加高效地进行交易监控和历史数据的审查。同时，采用人工智能技术帮助分析大量交易数据，能够快速识别异常模式，提高监管的精确性和响应速度。

为了使合规性检查和审核机制有效运行，还需要一套完善的法律体系作为支撑。这包括制定明确的数字人民币法律法规，明确数字货币的法律地位及所涉及的法律责任，同时规范数字人民币的发行和流通过程，确保所有参与方的行为有法可依。此外，对于跨境交易问题，需与国际法律监管机构合作，形成统一的国际监管框架，共同防范和处理国际金融犯罪行为。

数字人民币的合规性检查和审核机制的建立和完善，是一个动态调整和持续优化的过程。随着数字经济的不断发展和技术的日新月异，监管策略和法律规章也应相应更新，以适应新的挑战。通过持续的法规修订、技术升级和国际合作，可以有效加强数字人民币的合规性检查和审核机制，为数字人民币的健康发展提供坚实的法律保障和技术保障，最终实现金融稳定与创新的双赢。

七、应急管理与危机响应措施

由于数字人民币是一种新兴的金融技术产品，其运营过程中可能遇到技术失败、安全漏洞以及市场波动等各种风险不可预见性较高。因此，确保在紧急情况下能够迅速有效地进行危机响应，是维护数字人民币系统稳定运行和用户利益的必要条件。

构建应急管理体系的首要任务是明确各种潜在危机的类型与特征。这些危机通常包括技术性故障如系统崩溃、网络攻击等，以及市场性危机如通过数字人民币进行的非法交易、突发的大规模资本流动引发的市场混乱等。明确这些危机的类型后，接下来需要制定相应的预防措施，并在此基础上准备应对措施。

在预防措施方面，首要考虑的是加强数字人民币系统的技术安全。这包括加密技术的应用、安全认证机制的建立及定期的系统安全评估。此外，为降低系统遭受攻击的风险，可以建立多层次的防御机制，如入侵检测系统和反应系统，确保在发生安全事件时能迅速进行警报和封锁，最小化可能发生的损失。

在应急管理方案的具体实施中，制定详尽的应急预案是核心内容。这些预案需要详细描述在不同类型危机发生时的具体响应流程，包括立即采取的技术措施、协调相关部门的行为指导以及对公众和市场的沟通策略。关键是要保证预案中的响应措施能够快速、精确地得到执行，从而降低危机事件对系统和用户造成的影响。

紧急响应团队的设置也是应急管理不可或缺的一部分。这一团队需由技术、法律、市场和公关等多方面的专家组成，以确保在危机发生时，可以从各个角度迅速精准地进行干预和处理。团队的日常工作包括监控系统运行状态、评估潜在风险、执行安全演练等，以提高对实际危机的响应能力。

除此之外，与国内外的监管机构、金融机构以及技术服务提供者等建立紧密的合作关系，对于高效执行危机应对措施至关重要。在全球化的金融环境下，数字人民币可能涉及跨国交易，因此在国际层面上的协调与合作可以有效地提升危机时的响应速度和处理效果。

对外公关和信息沟通策略也是危机管理中不可忽视的一环。在处理技术故障或市场异常事态时，透明而及时的信息发布可以有效地减轻市场恐慌，维护公众对数字人民币系统的信任。因此，建立一套有效的信息沟通机制，确保在危机发生时可以迅速而准确地向社会公众和相关利益方提供情况说明和后续处理进展，是提高整个数字货币系统抗风险能力的关键步骤。

第四章
数字人民币的合规性要求

第一节　反洗钱与反恐融资合规

一、反洗钱与反恐融资监管的国际框架

反洗钱与反恐融资监管的国际框架是全球金融监管领域的一个关键组成部分。这一框架旨在通过国际合作和法律规定，有效遏制洗钱和恐怖融资活动，保护全球金融系统的稳定与安全。

在这个框架中，国际货币基金组织、世界银行以及金融行动特别工作组（FATF）扮演了核心的角色。FATF是一个政府间的组织，成立于1989年，其主要任务是制定并推动遵守反洗钱和反恐融资的国际标准。FATF已发布40项建议，这些建议被认为是打击洗钱和恐怖融资活动的国际标准。这些建议涵盖了从客户身份验证到跨境资金流动监控的诸多方面，对会员国的法律、政策及监管架构提出了全面要求。

除了FATF之外，联合国也发挥着重要作用，通过制定国际公约和决议来反对洗钱及资助恐怖主义。其中，联合国安理会决议第1267号和第1373号都是关于打击恐怖主义融资的重要国际法律文件，它们要求各国实施资金冻结以防止恐怖组织获得资金支持。

国际合作在这一领域中至关重要。不同国家和地区的监管机构之间通过信息共享和联合调查，增强了这一体系的效力。例如，国际反洗钱网络（Egmont Group）是一个由全球150多个国家和地区的金融情报单位组成的组织。它协助成

员之间开展信息交换，加强对跨国洗钱活动的追踪与监管。

数字人民币作为一种新兴的数字货币形式，其合规性框架也需在现有的国际反洗钱与反恐融资监管机制中找到适当的位置。对于数字人民币来说，需要确保交易的透明度，建立可追溯的交易记录，防止匿名交易成为洗钱和资助恐怖活动的渠道。在技术方面，可以利用区块链技术的特性，如其不可篡改与去中心化的记录特征，来增强监管的有效性。

然而，在制定相关合规政策和措施时，也必须考虑技术创新的速度与普及程度，避免制定出过于严格或落后于技术发展的规定，从而抑制金融创新的活力。监管框架应当保持灵活性，适应数字经济的快速变化，同时确保不给非法资金活动提供可乘之机。

在数字人民币的国际法律监管合作方面，中国政府和金融机构需要与其他国家及国际组织进行深入交流与合作，制定符合国际标准的本土制度规则，并推动构建跨国数字货币使用的监管合作网络。这不仅有利于提高国内的规范水平，更是推动国际金融秩序合规性的重要方面。

通过上述举措，可以逐步建立一个全面、高效的反洗钱与反恐融资监管国际框架，为数字人民币以及其他数字货币的健康发展提供法律保障和制度支持。这一进程中，不断优化的国际合作机制将是确保框架效力的关键因素。

二、中国特定的反洗钱与反恐融资法律

在数字货币领域，尤其是数字人民币的发展中，反洗钱和反恐融资成为法律监管的核心议题。随着数字人民币的普及和应用，其在全球金融系统中的作用日益重要，相关的法律和规制措施也在增强。

我国的反洗钱和反恐融资法律体系建立在国内外合作和自身监管需求基础上。这一体系涵盖了多个层面，包括但不限于法律法规的制定、监督管理机构的设立以及具体实践中的执行和合作。

《中华人民共和国反洗钱法》是该领域的基础法律，规范了金融机构和非金融机构在反洗钱领域的义务和责任。根据该法律，所有金融机构都需要设立特定的内部控制系统来识别、评估、监控以及报告洗钱行为的风险。金融机构必须定期对客户进行身份验证和交易监测，以确保操作的透明性，有效识别可疑的交易行为。

在数字人民币的运用中，法律要求各方在发行、流通和交易等环节中维持

高度的警觉性，确保数字交易平台的合规性。此外，中国人民银行在这其中扮演了监管的重要角色，对数字人民币系统中的反洗钱和反恐融资活动进行指导和监控。

金融机构和数字钱包提供商等经营者需通过执行严格的客户身份认证程序，以及建立复杂的交易监视系统，来探测和报告可疑交易。这些措施不仅限于国内操作，同样适用于国际交易，确保跨境支付和资本流动的安全。

在反恐融资方面，中国也有一整套完备的法律和行政法规来预防和打击恐怖融资活动。在数字人民币的应用方面，监管要求相关机构必须追踪资金流向，尤其是那些可能被用于支持恐怖活动的资金。为此，国内外合作显得尤为重要，与其他国家和国际组织的信息共享，对于准确识别恐怖融资的模式及其资金来源至关重要。

通过及时的信息交换和多边监管合作，中国加大了对国际恐怖组织资金链的打击力度。此外，数字人民币的技术特性（如区块链）有助于提高反洗钱和反恐融资的透明度和效率，为监管提供了新的工具。这包括利用区块链的不可篡改性记录所有的交易信息，以及利用先进的数据分析技术识别和预防可疑活动。

然而，面对日益复杂的国内外经济环境和不断演变的洗钱及恐怖融资方式，我们必须不断地更新和完善相关法律法规，提高监管技术和策略的先进性。此外，提升公众和相关从业人员对这些法律法规的认识同样重要，这有助于建立更加健全的反洗钱和反恐融资环境。

三、数字人民币的设计与反洗钱技术措施

数字人民币的设计旨在有效整合现代金融科技，特别是在反洗钱与反恐融资的合规性要求方面。为了实现这一目标，相关技术措施被嵌入数字人民币的体系之中，确保其发行与交易不仅遵循国内法律法规，还能响应国际合规标准。

在设计层面，数字人民币利用了先进的加密技术来保护用户身份和交易数据的安全。通过使用非对称加密、数字签名等技术，确保所有交易的真实性和完整性得到验证，同时最大限度地减少个人隐私的泄露风险。此外，这种加密技术也能有效防止未经授权的交易和资金流动，为反洗钱提供坚实的技术支撑。

数字人民币系统的另一个关键技术是区块链或类似分布式账本的技术应用，这有助于构建一个透明、不可篡改的交易记录网络。在这种系统中，所有的交易记录都是公开且可追溯的，从而使监管机构可以在不侵犯用户隐私的情况下有效

监控可疑交易活动。通过实现交易数据的实时共享，监管机构能够及时发现并阻断非法资金流动，大大提高反洗钱和反恐融资的效率。

为确保数字人民币遵守反洗钱与反恐融资的规定，监管机构还设立了一系列的合规检查与审查程序。这些程序不仅包括对交易活动的监控，还包括对发行和持有数字人民币的机构及个人的审查。任何企图利用数字人民币系统进行非法交易的行为都将被系统识别出来，并通过自动化工具进行预警和阻止。

此外，数字人民币设计考虑到了国际合作的重要性，在全球范围内打击洗钱和恐怖融资行为。为此，中国人民银行与其他国家和地区的金融监管机构、国际金融机构进行了广泛的合作，确保数字人民币系统能够与其他国家的监管要求接轨，实现跨境支付的合规性和安全性。

在实际操作中，数字人民币系统能够实现对大额交易和频繁交易的特别监控。系统设置了多个阈值，一旦交易活动超过这些阈值，就会自动触发审核机制，相关信息会被送往监管报告系统以供进一步分析。这样的设计可以有效发现和制止洗钱等违法行为，同时确保正常的经济活动免受不必要的干扰。

四、事务监测系统和可疑交易报告系统

事务监测系统的主要功能是对数字人民币的所有交易活动进行持续的监控。该系统通过设定一系列监测规则，来自动识别可能指示洗钱或恐怖融资活动的交易模式。这些规则通常基于多种因素制定，如交易金额的异常大或小、交易频率的异常高、交易方之间的关联性，以及交易背后的经济合理性等。当交易行为触发这些规则时，事务监测系统会自动标记这些交易为可疑的交易，并将其报告给专门的合规团队进行进一步的分析。

合规团队的工作是对被标记为可疑的交易进行深入分析，以验证其是否真的涉及非法活动。这一过程可能包括对交易背景的详细调查、与交易相关方的沟通，以及利用外部信息资源来拓展调查的广度和深度。如果调查结果确认了交易的非法性质，那么合规团队将按照法规要求，向有关监管机构报告这一可疑交易。

可疑交易报告系统是处理可疑交易信息和与监管机构沟通的桥梁。系统的有效运作依赖于强大的信息技术支持和严格的程序管理。一旦确定交易为可疑，可疑交易报告系统便负责将这些信息格式化，并确保按照规定的时间和格式向监管机构报告。此外，可疑交易系统还需保留所有相关的交易记录和报告文件，以便

应对未来的审计和回顾。

数字人民币的监管框架要求事务监测系统和可疑交易报告系统必须具备高度的灵活性和适应性。随着技术的发展和犯罪手法的不断演变，监测规则需要定期更新，以应对新的挑战和风险。此外，随着国际合作在反洗钱和反恐融资领域的加强，数字人民币的事务监测系统也需要能够和国际监管机构进行有效的信息共享。

监管机构在构建和维护事务监测系统与可疑交易报告系统时，也需要考虑保护用户隐私的重要性。虽然追踪和报告可疑交易是必要的，但如何在不侵犯个人隐私权的情况下进行有效监管，是一个需要技术和法律共同解决的问题。因此，在设计这些系统时，必须把握安全与隐私的平衡，确保监管活动不会对用户的合法权益造成不必要的干扰。

五、客户身份认证和尽职调查过程

客户身份认证是指在金融机构与客户建立业务关系之前，必须对客户的身份进行确认和验证的过程。这一过程中，金融机构需要通过收集和核查客户提供的身份证明文件（如居民身份证、护照等）来确认客户的法定身份。数字人民币的运营机构同样需采取有效措施确保每一个使用者的身份能够得到准确无误的确认。在技术手段的支持下，如面部识别、指纹识别等生物识别技术，也被广泛用于客户身份的迅速和准确识别，这些技术的应用大大提高了身份认证的效率和准确性。

尽职调查则是对客户身份认证之后的进一步分析，包括评估客户可能涉及的风险等级和监控客户的财务行为是否存在异常。尽职调查的深入程度会因客户的风险等级而有所不同。对于高风险客户，金融机构需要采取更为严格的监控措施，如持续跟踪客户交易的性质和频率、审查交易背后的真实目的等。在数字人民币系统中，利用大数据和人工智能技术对交易模式进行分析，可以有效地识别不寻常的交易模式，并及时采取预防措施。

此外，客户身份认证和尽职调查的过程中还需要处理大量的个人数据，相关的数据保护措施同样不可或缺。数字人民币的运营机构应确保所有收集的个人信息都符合国家关于数据保护的法律法规，并采取有效的技术措施防止数据泄露，保障用户隐私和数据安全。

要维护数字人民币系统的安全和稳定，以及保护消费者的权益，客户身份认证和尽职调查不仅是一项技术或操作上的要求，更是一种法律和道德上的责任。通过建立健全客户身份认证和尽职调查制度，不仅可以防范和减少金融犯罪，还可以增强公众对数字人民币系统的信任，推动其健康稳定地发展。未来，随着技术的发展和监管需求的变化，数字人民币的客户身份认证和尽职调查机制还需要不断地进行优化和调整，以适应新的挑战和需求。

六、资金来源和资金用途的透明度要求

资金来源的透明度要求，着重于确保所有通过数字人民币系统的资金流都可以追溯到合法的来源。这一要求不仅涉及监管技术的实施，还涵盖了法律框架的构建。监管机构需要通过法律规定强制要求金融机构和电子货币服务提供商实施严格的客户身份验证措施。通过这些措施，可以有效识别和记录用户的基本信息以及资金的源头，确保所有资金的合法性和透明性。

此外，对于资金的用途，同样要求高透明度。这意味着金融机构和相关支付平台需记录和报告所有资金的用途，并应对任何异常或可疑的资金流向进行详细调查。通过实时监控与数据分析技术，监管机构能够及时发现异常交易模式，从而采取必要的预防或干预措施。

资金来源与用途透明度要求的一个重要组成部分是信息共享与合作。针对跨境交易尤其关键，涉及的监管机构包括银行、支付公司以及跨国合作的监管体。国际合作与信息交换机制的建立，能够帮助监管机构全面理解资金流动的全球网络，及时阻断非法资金的流通路径。

透明度的提高无疑提高了数字人民币系统的整体安全性，但同时也带来了技术和政策上的挑战。监管技术需要不断更新以适应快速发展的市场与新出现的潜在风险，同时必须保证监管措施的实施不会过度侵犯个人隐私权，这涉及对现有法律的精细调整和对新技术应用的伦理审视。

在技术实现层面，大数据分析、区块链技术的使用为监管资金的来源与用途提供了可能。区块链技术的不可篡改性和透明性特征使得每一笔交易都被记录并可供验证，这大大增强了监管部门防范与打击金融犯罪的能力。

然而，技术解决方案也必须配合有效的法律政策以确保综合性的保障。例如，关于数据安全的法律必须处理好个人数据保护与金融监管之间的平衡，以及防止数据滥用而带来的风险。

尽管有诸多挑战，但资金来源与资金用途的透明度要求对于构建一个健康、

可持续的数字人民币生态系统具有不可替代的作用。通过这些措施，不仅可以有效打击洗钱和恐怖融资，也可以提高公众对电子货币系统的信任，从而促进其被更广泛地接受和使用。

因此，监管机构和金融机构必须持续合作，不断优化监管技术和法律框架，深化国际合作，共同推动全球经济的健康发展。通过这些努力，可以有效地对资金流动进行监控和管理，保证金融系统的稳定与安全，同时增进金融市场的透明度和公正性。

七、培训与合规文化的建设

培训在合规体系中起到了至关重要的作用。合规培训能够确保所有相关人员理解并遵守与数字人民币相关的法律法规，包括反洗钱和反恐融资的要求。这种培训不仅包括对现有法规的解读和应用，也包括对新政策的迅速响应和执行。通过定期的培训课程和研讨会，可以保证金融机构的员工和管理层对于合规要求透彻了解，从而有效避免因疏忽或无知造成的合规风险。

合规文化的建设则更为长远和根本。这涉及机构文化的转变，需要从顶层设计开始，形成全员遵守法规的共识和习惯。金融机构应当将合规理念作为企业文化的一部分，塑造一种自觉遵守法规、主动识别和防范风险的工作环境。合规文化的强化可以通过多种方式实现，例如，建立奖惩机制、表彰合规表现优秀的个人或团队、对违反合规行为的员工进行必要的惩处。此外，企业还应该鼓励员工提出改进合规流程的建议，以持续优化合规策略。

数字人民币的特性（如去中心化和电子化）带来了众多新的合规挑战，例如，如何确保交易的透明性和追踪性、防止数字身份的伪造等。在这种情况下，教育和文化的作用不可小觑。教育可以帮助人们理解和适应这种新兴技术带来的变化，文化的力量则在于能够让这种理解和适应变成一种自觉、持续的行为模式。

为了有效实现培训与合规文化的建设，金融机构需要做好以下几个方面的工作。首先，应定期评估培训内容和方法的有效性，确保它们能够覆盖所有新出现的合规要求和技术变化。其次，合理利用技术手段，如在线学习平台和虚拟现实模拟环境，可以提高培训的可达性和互动性，从而增强培训效果。最后，高层领导的示范作用也不可忽视。高层管理者应通过亲身参与合规培训并在日常工作中严格遵守合规要求，来展示对合规文化的重视。

虽然培训与合规文化的建设是一个长期且复杂的过程，但它对于确保数字人民币合规运行、防范金融风险、提升金融服务质量、维护金融市场稳定都具有不可替代的作用。通过持续的努力，可以在整个金融系统中树立起正确的合规观念，为数字人民币的健康发展创造良好环境。这不仅有助于提升金融机构的合规水平，也将增强公众对数字人民币系统的信任，从而推动数字人民币被更广泛地接受和使用。

八、法律合规审计与监管合作

法律合规审计主要是指对数字人民币的应用和交易过程进行合规性检查和评估，以确保所有活动都符合现行法律和监管要求。监管合作则涉及不同监管机构之间在信息共享、监管技术以及政策制定上的协调和合作，以加强对数字人民币市场的监控和提高管理效率。

在法律合规审计方面，审计机构首要的任务是识别和评估与数字人民币相关的各种法律风险，包括洗钱、非法交易、数据保护侵权等。审计过程需要依据国家关于金融安全、网络空间安全和个人信息保护的各项法律法规，对数字人民币运营企业的业务流程、交易记录和用户身份验证等关键点进行详细的检查。这不仅有助于确保企业运营的合法性，同时也能够有效预防和减少潜在的法律风险。法律合规审计的有效开展，需要专业的法律和技术知识，这就要求审计人员不仅熟悉相关法律法规，还要具备足够的技术能力，对数字人民币的技术原理和实际应用有深刻的理解。

在监管合作方面，随着数字人民币的快速发展和广泛应用，单一监管机构难以完全覆盖所有的监管需求，因此，不同监管机构之间的合作变得尤为重要。这种合作主要体现在信息共享、监管技术共同研发以及跨境监管策略的统一等方面。例如，中国人民银行、国家金融监督管理总局和网络信息机构可以共同建立数据共享机制，对数字人民币的交易数据进行实时监控，及时发现异常交易模式，有效防范金融欺诈和洗钱行为。同时，这些监管机构还可以共同开发适用于数字人民币的监控技术，如区块链分析工具，以提高监管效率和准确性。

监管合作还必须跨越国界，与国际监管机构进行深入合作。由于数字人民币不可避免地会涉及跨境交易，单一国家的监管力量难以完全掌控相关风险，而国际合作可以通过制定统一的监管标准、实施跨境数据共享和联合调查等形式，共同打击跨境犯罪，保护全球消费者的权益。这种国际合作不仅有助于建立全球数字货币的监管框架，也有助于推动数字人民币在全球范围内的合规应用。

值得注意的是，法律合规审计与监管合作的有效实施，不仅需要各方面的技术支撑，还需要相应的法律政策环境作为保障。这包括完善的法律法规体系、明确的监管指导原则并且能够得到有效的执行等。此外，监管机构和执行部门还需不断更新其专业知识和技术手段，以应对数字金融环境快速变化的挑战。

通过对法律合规审计与监管合作的深入分析，可以看出其在数字人民币合规发展中的重要性。有效的法律审计可以确保数字人民币的操作和交易符合法律要求，有效防范法律风险；监管合作则可以在更宽广的范围内提升监管效率和效果，打造健康的数字货币环境。这不仅有助于推动数字人民币的稳定发展，也有助于增强公众对数字货币的信任和接受度。

第二节　数据保护与隐私合规

一、数据保护法律框架概述

数据保护在数字人民币系统中起到核心作用，因为它涉及个人与机构的敏感信息保护，是维护用户信任、确保金融业健康稳定运行的基石。中国现行的主要数据保护法律包括《中华人民共和国网络安全法》《中华人民共和国个人信息保护法》《中华人民共和国数据安全法》等，这些法律构成了中国在数据保护方面的基本法律框架。

《中华人民共和国网络安全法》强调了网络运营者保障网络安全的责任，规定了网络数据的保护措施，包括数据分类、重要数据的备份与加密等。这对于数字人民币等依赖网络传输和交易的金融服务尤为关键，它确保了数据在传输过程中的安全性和完整性。

《中华人民共和国个人信息保护法》则更加细化地规定了个人信息的收集、存储、使用、传输、公开及删除等环节的法律要求，保障了个人信息主体的权利，这对于管理和保护用户在使用数字人民币过程中的个人信息至关重要。它要求数据处理者必须明确数据处理的目的、方式和范围，并须获得数据主体的同意。此外，对于违法处理个人信息的行为设立了较为严格的法律责任，从而提高了数字金融环境中个人信息保护的执行力度。

《中华人民共和国数据安全法》则提出了数据安全的整体要求及管理规范，明确了数据处理活动在国家安全中的地位，规定了数据活动的监督管理措施。它对数据分类与分级保护提出了系统的管理要求，为数字人民币等金融数据的分类和分级保护提供了法律依据，确保了不同级别的数据能够获得相应级别的保护。

除上述法律外，对于处理跨境数据的问题，中国也在逐步完善相关法律规定，并积极参与国际交流与合作，强化国际上的数据保护与合作。这在某种程度上增进了数字人民币在全球金融市场中的合规性与可接受性。

技术亦是支撑数字人民币数据保护法律框架的重要方面。当前采用的如数据加密技术、匿名处理技术、区块链技术等一系列先进技术方法，可以有效提高数据的安全性与隐私保护水平。通过技术与法律的双重保障，可以更好地构建健康稳定的数字人民币运行环境。

二、个人数据识别与分类

个人数据识别与分类的核心在于如何有效地区分和管理不同类型的个人信息，确保这些信息在数字人民币的应用中得到妥善处理与保护。

数字人民币作为一种新型的数字货币，其运作依赖于大量的个人数据来实现精确的交易处理和用户身份验证。这些个人数据包括用户的身份信息、交易记录、账户余额等。识别这些数据的敏感性和分类的准确性是数据保护的第一步。敏感数据（如身份证号码、银行账户信息等）需要较高等级的保护措施，包括加密存储、访问控制和审计追踪。而其他如交易地点、时间等信息虽然敏感性相对较低，但仍需采取合理措施确保其不被滥用。

进行有效的数据识别和分类工作，需要建立一套系统的标准和流程。这包括：确定哪些数据属于个人敏感信息，哪些是非敏感信息；对敏感信息的处理、存储和传输制定严格的规范；非敏感信息虽然处理标准可以适当降低，但也需要保障其基本的安全和隐私。此外，数据的分类标准和处理流程应当明确，确保所有操作人员严格遵守，以防数据处理过程中出现任何失误或滥用。

数字人民币的系统应当具备动态的数据识别和分类机制，能够应对持续变化的技术和市场环境。随着技术的发展和数据种类的增多，原有的分类和识别标准可能不再适用，系统需要具备适时更新这些标准的能力。同时，随着数据量的增加，如何在保持高效的数据处理的同时不牺牲安全性与合规性，也是设计这一机制时需要考虑的关键问题。

在技术层面，使用人工智能和机器学习技术帮助识别和分类个人数据将大有裨益。这些技术可以通过模式识别和数据分析，快速有效地对数据进行分类，提升处理效率。同时，技术的应用也应遵循严格的道德和法规界限，确保技术的使用不侵犯个人隐私，不违反相关法律法规。

从法律和规范的角度来说，制定和维护数据识别与分类的标准是一项持续的任务。相关法律和政策需要定期更新，以适应新的技术和市场发展。在设计数字人民币的数据保护政策时，可以参考现有的国内外数据保护法律，如欧盟的《通用数据保护条例》等，这些法律条例为个人数据的保护提供了丰富的指导和参考。

三、数据采集的合法性和限制

数字货币的本质使得其运营必须依靠大量的数据处理，以保证交易的安全、效率及透明度。然而，这样的数据处理活动也引发了广泛的隐私保护和数据安全问题，尤其是关于个人敏感信息的收集和使用。因此，确保数据采集过程的合法性，是数字人民币监管体系中不可忽视的一环。

数据采集的合法性主要基于法律对于个人数据保护的规定。在中国，如《中华人民共和国个人信息保护法》等相关法律法规对于个人信息的收集、处理和传输都设定了严格的界限。这些规定要求任何涉及个人信息的收集活动都必须有明确的目的、合理的范围，并且必须事先获得数据主体的同意。此外，需要对所收集的个人信息进行充分的保护，防止信息泄露、篡改或丢失。在应用至数字人民币的数据采集中，同样需要遵守这样的法规要求，确保每一项数据操作都不越过法律的红线。

在数据采集的限制方面，不仅包括对数据采集目的和范围的限制，还包括对数据访问和使用的限制。数据使用必须符合收集时所声明的目的，不得无故扩散或用于无关的其他场景。以数字人民币为例，其数据使用应严格限定于交易验证、账户管理、反洗钱监测和信用风险控制等核心功能。任何脱离这些核心目的的数据使用都可能被视为对个人隐私权的侵犯。

另外，数据采集的合法性与限制还意味着要建立严格的内部监管机制和技术保护措施。比如，应用数据加密技术保护个人敏感信息，建立数据访问控制系统防止未授权访问，以及实施定期的数据安全审计。这些做法能够增强数据处理活动的透明度与安全性，增加用户对数字人民币系统的信任。

这种对数据采集合法性和限制的监管不仅需要国内法律的支持，还需要国际的协作。由于数字人民币可能涉及跨境交易、跨国的数据流动，在这种情形下，必须考虑国际法律规范，解决不同国家在数据保护标准上的差异，协调各国监管机构的行动和标准，确保数据在跨境流动时不会造成合规性风险。

因此，数据采集的合法性和限制是一个多维度、多层面的问题，涉及法律、技术、政策和国际合作等多个方面。在数字人民币的运营过程中，这些问题需要系统的思考和周密的规划，以确保符合法律规定的同时，也能有效地保护用户的隐私权和数据安全。这样的措施不仅是法律的要求，也是构建数字人民币信任体系的基石。通过合理的数据管理和合规操作，数字人民币能够更好地在全球金融体系中稳定发展，推动国内外的经济交流与合作。

四、数据存储安全和加密措施

数据存储安全主要包括确保存储介质的安全性和数据在存储过程中的保密性。对于数字人民币而言，其数据存储解决方案需要能够防范各种外部攻击和内部泄露的风险。这通常包括使用安全的物理存储设备和环境，如使用具备强大防护能力的数据中心，以确保数据传输过程中的加密。另外，还需采取有效的数据备份和灾难恢复策略，确保在数据中心遭受物理或网络攻击时，数字人民币的关键数据能够迅速恢复，保证系统的连续运营。

加密措施是实现数据保护的另一个关键。在数字人民币环境中，加密技术应用于数据的各个方面，包括用户身份验证信息、交易数据，以及存储在设备或云端的备份数据。当前，高级加密标准（AES）和公钥基础设施（PKI）等加密技术被广泛应用于金融服务业，确保了数据在传输和存储过程中的安全性和完整性。此外，利用区块链技术的非对称加密和散列函数可以有效保障数字人民币交易的隐私和安全，阻止未授权的数据篡改和访问。

在实际应用中，数字人民币系统中的数据保护与隐私合规还应涵盖用户权限管理和访问控制策略，确保只有授权用户才能访问关键信息。此外，对于操作日志等敏感信息的保护也同样重要，这需要系统能够记录并监控所有关键操作和访问行为，以便在发生安全事件时，迅速定位问题并采取应对措施。

同时，法律和技术的结合在保障数据存储安全和加密措施方面发挥着至关重要的作用。例如，根据国家相关法律法规，对数字人民币的操作和数据处理必须符合国家对网络安全和个人信息保护的要求。此外，随着技术的进步，采用更先进的加密算法和安全协议，以及开发新的抗攻击技术，对于提高数字人民币的存储和传输安全性至关重要。

五、数据使用透明度与用户知情权

数据使用透明度是指在数字人民币的操作和管理过程中，所有数据处理活动都应当清晰可见、易于理解，保证用户轻松获取关于其数据如何被收集、使用、存储和传输的信息。透明度的提升有助于增强公众对数字人民币系统的信任，在涉及个人财务信息的处理时尤其显得至关重要。这包括用户交易数据、账户信息、支付习惯等敏感信息的处理方式。要做到这点，相关机构和企业需要建立一套标准化的信息公开流程，确保所有数据的使用都可以让用户实时了解和轻松访问。

用户知情权则紧密连接数据使用透明度，是指用户有权了解自己的个人数据被收集、使用的具体情况及其背后的目的。知情权的实现是建立在全面、及时的信息披露基础上的。用户不仅应当在数据初次收集时获得通知，而且在数据使用过程中的任何变更也应当重新获得用户的认可。具体到数字人民币的应用场景中，这意味着用户应该有权限制或拒绝对其个人信息的使用，尤其是在这些信息可能影响个人信用或财务安全的场合。

实现数据使用透明度与用户知情权需要技术与法规并重。在技术方面，利用区块链等加密技术可以有效保护交易的安全性和透明性，每一笔交易都可以被追踪和验证，但又不会暴露用户的私密信息，而且智能合约等技术的应用可以在保护用户隐私的同时，自动执行用户与服务提供者之间的协议，减少人为的干预，从而更好地保护用户的知情权和选择权。在法规方面，需要构建一个全面的法律框架来规范数字人民币的数据处理活动。这包括制定明确的数据保护法规，确保数据的收集、使用、转移和删除都符合严格的标准。此外，监管机构应当设立相应的监控和执法机制，确保所有市场参与者都能遵守数据保护的法律规定，任何违反规定的行为都应受到相应的处罚。

另外，教育和培训也是保障数据使用透明度与用户知情权不可忽视的一环。用户应当接受与数字人民币相关技术和法律的教育和培训，如如何安全地使用数字人民币、如何维护自己的数据权利。这种教育和培训不仅限于消费者，同样适用于数字人民币的运营人员和决策者，确保他们在设计和实施相关产品和服务时，能够充分尊重并保护用户的数据权利。

六、数据主体权利保护

数字人民币系统涉及大量的个人数据收集与处理，包括身份验证、交易记录、账户余额等敏感信息。在此过程中，数据主体（数据信息的拥有者）的权利保护成为一个重点。保护这些权利不仅有助于增强用户对数字人民币系统的信任，还能防止数据滥用和泄露带来风险。

为了有效保护数据主体的权利，必须建立一个全面的法律框架。首要的是确保数据的采集和使用符合"最小必要原则"，即仅在必要范围内收集和使用数据，从而最大限度地减少对个人隐私的侵犯。此外，需要确保数据处理的透明性，用户应当能够清楚地了解其个人信息的使用目的、使用方式及存储期限。

在具体的操作层面，要求数字人民币的运营方除了必须对外发布隐私政策，明确告知用户其个人信息将如何被收集、使用、存储和保护，还应提供适当的访问控制，确保只有授权人员才能访问用户的个人信息，同时采用加密等技术手段来防止数据被非法访问。

除此之外，数据主体的权利保护还应包括权利救济的途径。用户应当有权对自己的个人信息进行访问、更正、删除和反对处理，尤其是当数据处理超出原始统一范围时。此外，在面对数据泄露或滥用的情况时，用户应有权提出投诉并获得赔偿。

针对国际交易和合作的场景，数字人民币的法律框架还需要与国际数据保护法规相协调。随着数据跨境流动的增加，确保各国法律要求的一致性和互认变得尤其重要。这要求我国的立法者和监管机构与其他国家进行广泛的协商，以达成国际层面的数据保护协议。

确保数字人民币系统中数据主体的权利得到有效保护将是一个长期且复杂的过程。它不仅需要法律和技术的双重保障，还需要监管机构、数字货币运营方以及数据主体的积极参与。通过建立一个全面而有效的数据保护体系，能够为数字人民币的健康发展提供强大的支撑，同时也能促进整个金融市场的稳定与发展。

这种全面的保护措施不仅有助于确保信息安全、增强用户信任，也符合更广泛的国家安全与社会稳定目的。在数字化快速发展的今天，保护数据主体权利并非选择题，而是必答题，是实现现代金融技术和用户权益双赢的关键。在推动数字人民币合规发展的道路上，这将是一个不可或缺的环节。

七、数据共享和第三方处理合规要求

数据共享在数字人民币系统中扮演着关键角色。它不仅能够促进金融机构和监管部门的信息流通，提高监管效率和金融服务的质量，同时也为创新和新技术应用提供条件。然而，在数据共享的过程中必须严格遵守相关的法律法规来保护用户的隐私和个人信息安全。

一方面，数据提供者需要确保共享的数据仅限于实现指定的业务功能，且符合《中华人民共和国数据安全法》和《中华人民共和国个人信息保护法》等相关法律的要求。同时，确保数据的加密处理和授权访问，防止未经授权的数据访问或数据泄露。

另一方面，接收数据的第三方，特别是那些提供技术或服务支持的企业，应当负起高度责任，严格审查和执行数据处理的合规性要求。这包括实行最小必要权限原则，只处理对完成既定服务或功能确实必需的数据，并采用高标准的安全技术保护措施。此外，第三方在接入数据时必须通过严格的安全审核，确保其系统的安全性能符合国家标准。

数据处理合规性不仅是技术和管理层面的问题，更涉及法律和伦理层面的考量。数字人民币的运营机构及其合作的第三方机构需要建立起全方位的数据保护框架，从法律合规性、技术安全、管理流程等多个维度来确保个人数据的安全和隐私。监管部门应当出台更为详尽的指导和规范，明确数字人民币在数据处理中的合法界限和责任，及时更新数据保护的技术和管理要求以应对新的挑战。

在数据共享和第三方处理的合规性工作上，重要的是实现监管技术和手段的创新。随着数字经济的发展，利用人工智能、区块链等先进技术来加强数据处理的透明度和追踪能力，有助于构建一个安全、透明的数字人民币交易环境。技术创新可以帮助监管机构更高效地监测和管理数据流动，确保每一次数据的处理都符合法律规定的合规性要求。

通过强化数据保护法规的实施与监督，引导和规范数字人民币相关主体的数据处理行为，可以有效防止数据滥用和降低隐私侵权的风险。增强公众对数字人民币数据处理安全性的信任，是推动数字人民币健康发展，实现金融科技与数据保护双赢的基础。

为此，数字人民币的监管要从维护用户最大利益出发，制定全面、细致且操作性强的数据保护指南和规范。通过法律、技术和市场的多维度合作，共同推动数字人民币在保障数据安全和隐私的前提下能健康有序地发展。

八、违反数据保护规定的法律后果与处罚

违反数据保护规定的法律后果与处罚可能会对相关机构和个人造成严重的影响。因此，深入了解这一领域的法律后果和具体的处罚措施显得尤为重要。

在中国，数字人民币作为一种由国家背书的数字货币，其数据处理活动受到《中华人民共和国网络安全法》《中华人民共和国数据安全法》等相关法律法规的严格监管。根据这些法规，任何机构或个人在处理数字货币用户的个人数据时，必须确保数据的安全性和机密性，防止数据的泄露、篡改或未经授权使用。

违反上述法律规定，可能会受到不同程度的处罚。一方面，对于数据泄露等违法行为，相关责任人可能会面临罚款。例如，《中华人民共和国数据安全法》规定，对于违反数据处理规定的行为，可处10万元以上100万元以下的罚款；情节严重的，可处100万元以上1000万元以下的罚款，或者按违法所得1倍以上10倍以下的罚款。此外，对于直接负责的主管人员和其他直接责任人员，还可能给予警告，并可以根据情况处以5万元以上50万元以下的罚款。另一方面，严重违法的行为还可能导致相关机构的业务受到限制或者直接被责令停业整顿，甚至吊销相关业务许可证或经营许可证。这样的处罚对于经营机构来说是极其沉重的打击，可能会对其业务造成长远的影响。

在数字人民币的特殊背景下，隐私保护还涉及用户个人信息的安全使用和透明处理。违法行为可能涉及未经用户同意擅自收集、使用或对外提供用户信息。这类行为不仅侵犯了用户的信息自主权，还可能侵害用户的经济利益，因为个人信息的非法使用可能会导致诈骗等犯罪行为的发生。

针对这些问题，法律还明确要求数字人民币的运营者必须建立健全用户信息保护机制。必须对用户的个人信息进行加密处理，并采取有效措施防止隐私泄露风险。违反这些要求的法律后果同样严重，不仅可能引起用户的集体维权，还可能受到监管部门的高额罚款或更严厉的行政处罚。

第三节 跨境支付与外汇管理合规

一、跨境支付系统与数字人民币的接口设计

为了确保数字人民币在国际场景中的流通效率和安全性，设计合理的接口对接策略是必不可少的。这一问题的核心在于如何确保数字人民币的交易在跨国界时能够符合不同国家的监管需求，同时保证交易的速度和安全性。

在接口设计方面，首要解决的就是兼容性和安全性问题。数字人民币需要通过与现有的国际支付系统（如SWIFT）以及其他数字货币支付平台进行有效对接，确保在跨境支付时的数据传输安全高效。这需要技术上的高度集成，包括加密传输机制的协调、数据格式的统一以及双方验签机制的设置等。接口设计应当采取开放的态度，与现有国际支付标准接轨，采用国际通行的加密算法，保证数据的完整性与防篡改性。

进一步地，接口设计还必须考虑外汇管理的合规性需求。数字人民币作为法定货币的数字形式，其跨境支付功能触及了国际外汇管理政策的敏感领域。设计者需要在接口中嵌入外汇监管的合规检查机制，如身份验证、反洗钱和反恐融资的标准流程。此外，也需设立实时的汇率计算工具，确保每一笔跨国交易都能按照实时汇率兑换，减少汇率波动带来的市场风险。

在确保监管和安全的前提下，接口设计还应关注用户体验。跨境支付的便利性是推动数字人民币国际化的关键。因此，接口应设计得简捷易用，可以轻松地被不同国家的用户所接受和使用。这包括多语言支持、简便的用户操作界面等；且在任何情况下，确保交易的透明度，使用户可以直观地了解每一笔交易的状态，增加用户的信任度。

考虑不同国家在隐私保护等法律法规上的差异，接口设计需要设立相应的法律适应机制。这意味着在设计数字人民币的跨境支付系统时，一方面要满足国内

外对数据保护的要求；另一方面也要适应不同国家关于货币流转的监管政策。如此，数字人民币的国际接口就能在不触犯各国政策的前提下，实现其全球流通的目标。

随着技术的进步和国际合作的加深，跨境支付系统与数字人民币的接口设计将更加复杂和多样化。这会涉及更多的技术创新和政策协调，尤其是在区块链技术等新兴领域，有望通过去中心化的技术让跨境支付更加快捷和安全。同时，这也要求监管框架不断更新和完善，以适应不断变化的支付环境和新兴的市场需求。

二、外汇监管法规适用于数字人民币的挑战

传统的外汇监管体系是为传统货币设计的，面对数字人民币这种新兴的数字货币形式，需要进行诸多的调整和更新，以确保监管的有效性不受影响。

外汇监管对于任何国家的经济安全都极为重要，它涉及国家的汇率政策、资金跨境流动和国际收支等关键经济指标的稳定。而数字人民币作为一种全新的货币形式，其跨境支付的便捷性大大超出传统货币，这就对现有的外汇管理框架提出了挑战，主要表现在以下五个方面。

（1）身份验证和反洗钱。数字人民币的匿名特性虽然可以保护用户隐私，但同时也给反洗钱和反恐融资监管带来挑战。传统的外汇交易监控依赖于能够追踪到每一笔交易的双方信息，而数字货币只能提供有限的或者无法直接识别交易主体的信息。这需要监管机构开发新的技术和方法，以确保可以有效识别和防范洗钱及其他非法行为。

（2）汇率管理和资本流动。数字人民币增加了资金跨境流动的便捷性，这可能绕过现有的资本控制，影响国内外汇市场的稳定。在没有严格监管的情况下，资本流动的快速变动可能对国家的金融安全造成威胁。因此，如何在不阻碍数字货币带来便利性的同时，有效监管和控制资本的跨境流动，成为必须解决的问题。

（3）技术和法律的协调。目前大多数国家的外汇法律架构并未完全准备好接纳数字货币。数字人民币的跨境使用需要国际的法律和技术标准达成一致。例如，如何认定数字货币的法律地位、如何确定各国对于数字货币交易的管辖权，以及如何处理跨境支付纠纷等，都需要国际合作与法律协调。

（4）监管技术的更新。传统的外汇监管依赖于较为固定的监管技术和方法，而数字货币的特性要求监管技术更加先进和灵活。例如，区块链技术的应用就可能是一个方向，利用区块链技术的透明性和不可篡改性，可以在保证交易效率的同时进行有效监控。

（5）国际合作的重要性。随着数字货币在全球范围内的流通和使用，单一国家的监管已经难以全面覆盖所有的交易和活动。因此，国际合作显得尤为重要。通过建立国际监管合作机制，共同设定国际通用的监管规则和标准，可以更有效地管理和监控数字货币的跨境流动和使用。

三、数字人民币交易的跨境监控技术

数字人民币交易的跨境监控技术主要涉及对交易的实时追踪、身份验证、反洗钱和反恐融资的合规性检测。这些技术的有效运用不仅可以确保数字人民币交易的合规性，还能极大地降低金融犯罪的风险，维护金融市场的稳定性和安全性。

实时追踪技术是监控数字人民币跨境交易的核心。通过区块链技术，每一笔数字人民币的跨境交易都被实时记录在一个去中心化的账本中，在提高交易安全性的同时，还能有效抑制洗钱和其他非法交易活动。

身份验证技术也在数字人民币的跨境交易中起着至关重要的作用。在进行交易时，参与者需通过多重认证机制验证其身份，如使用数字证书、生物识别技术等手段，确保交易双方的真实性和交易的合法性。此外，这些技术还能帮助识别高风险个体和国家，从而采取相应的风险控制措施。

反洗钱和反恐融资合规性鉴测是数字人民币跨境交易监控的又一重要方面。金融机构需要部署高效的监控系统来分析交易行为，及时识别可疑的交易模式或行为，如不正常的大额交易或高频交易等，确保所有交易活动都符合国际反洗钱规定。此外，这些监控系统还需与全球监管机构分享信息，以便于跨国调查和打击跨国金融犯罪活动。

随着数字人民币国际化进程的加快，跨境监控技术的国际协作与标准化也显得尤为重要。不同国家之间需建立统一或兼容的监控标准和机制。通过共享监控资源和信息，增强全球金融监管框架的有效性和灵活性。这不仅有助于提高监控效率，还能减少因监管差异导致的合规成本。

四、客户身份识别和反洗钱要求在跨境支付中的应用

客户身份识别，要求金融机构在进行业务之前必须识别和验证客户的身份。在数字人民币的跨境支付场景中，这意味着必须对使用者进行身份验证，以确保他们的身份信息准确无误。这不仅包括基本的个人信息，如姓名、地址、出生日期和身份证件号码等，也可能涉及更为复杂的背景审查，包括职业信息、资金来源及其他相关的财务数据。此外，客户身份识别还需评估和更新客户资料，确保所有信息的时效性和准确性。

反洗钱，是一套旨在防止个人或组织通过金融系统掩盖非法资金来源的策略和法律要求。在数字人民币的跨境支付中，实施反洗钱涉及监控和筛选客户交易，识别那些可能为洗钱活动的交易模式。这包括对异常交易的及时监测、对高风险客户的监控及对可疑交易的报告程序。金融机构需要部署先进的技术工具来帮助识别、评估和处理可能的洗钱风险。

数字人民币的特点包括跟踪和可追溯性，这为客户身份识别和反洗钱提供了新的技术手段。通过区块链技术，每一笔交易都能被记录在一个不可更改且有时间戳的分布式账本中，使得资金流动更加透明。这种透明性有助于金融机构更有效地实施监控和审查，从而降低洗钱和其他金融犯罪的风险。

然而，数字人民币在跨境支付中的客户身份识别和反洗钱实施也面临着诸多挑战。如何保护用户隐私，同时确保足够的透明度以满足监管要求，是一大难题。此外，跨境法律和规则的差异也可能影响客户身份识别和反洗钱策略的有效性。例如，不同国家对于个人数据保护的法律规定可能差异较大，金融机构需要在遵守当地法律的同时，确保其客户身份识别和反洗钱措施的全球一致性。

为了解决这些问题，有必要加强国际合作，建立统一或兼容的客户身份识别和反洗钱标准。国际金融组织和监管机构应促进政策协调，以便在全球范围内对抗洗钱和资助恐怖活动。同时，金融科技的进一步发展，如人工智能和机器学习等技术，将为客户身份识别和反洗钱的实施提供更高效的工具和方法，有助于更精准地识别和防范潜在的风险。

五、汇率管理与数字人民币的稳定性

数字人民币作为法定货币的数字形式，其价值与传统人民币保持一致，但在跨境支付与外汇管理中，面临着复杂的国际经济环境和汇率变动的双重挑战。

汇率管理是国家宏观经济政策的重要组成部分，影响着国家的进出口贸易、

外债管理、国际资本流动等各个方面。对于数字人民币而言，汇率管理更是影响其在国际市场上的接受度和使用稳定性的关键因素。在数字人民币的使用过程中，需要维持与传统人民币等值的稳定性，确保其在国际支付交易中的价值不受汇率波动的影响。

汇率波动的主要原因包括国际贸易差额、投资者对特定货币的信心变化、中央银行政策调整、经济数据公布以及地缘政治事件等。这些因素都可能导致数字人民币价值的波动，从而给跨境支付和外汇管理带来挑战。为了有效管理这种影响，相关法律和监管政策需要特别考虑汇率管理对数字人民币稳定性的保障措施。

在数字人民币的法律监管框架中，应当明确规定与传统外汇管理政策的协调机制。例如，加强与国际货币基金组织、世界银行等国际金融机构的合作，共同探讨数字货币的汇率管理制度。此外，可以考虑建立一个针对数字人民币的特别汇率干预机制，以防止因极端市场条件引发的大规模汇率波动。

另一个关键策略是在数字人民币的设计与操作中引入一定的稳定机制，比如利用区块链技术的智能合约功能来自动调整汇率波动风险。智能合约可以根据预设的汇率变动参数自动执行某些资金的调拨和锁定，从而降低汇率变动对跨境支付的影响。

除了技术和政策上的应对措施外，还需要在国际社会中推广数字人民币的认知度和接受度。这包括在国际金融论坛和会议上增加对数字人民币汇率管理机制的讨论，以及在多边贸易协议中加入关于数字货币使用的条款，确保数字人民币能够在国际法律框架内得到合理的解释和应用。

六、跨境支付中的数字人民币与其他货币的互换机制

数字人民币与其他货币的互换基本上是通过设定的兑换机制实现的。这种机制需要在国际法律的框架内得到严格的定义和调控，以确保所有交易的合法性和符合监管的要求。兑换机制的核心包括汇率确定、交易规则的设立，以及兑换过程中监管的实施。汇率的确定既可以采用市场调节机制，也可以由参与国的中央银行按照双边协议设定。这种汇率制定方式需考虑宏观经济政策、市场供需状态以及国际货币市场的波动。

从交易规则的角度看，数字人民币与其他货币的互换需要设立明确的交易平台，这些平台须在国家监管机构的监督之下运行，确保所有交易活动都能够符

合国际金融法规与标准。此外，关于跨境支付的数据安全和隐私保护也是重要议题，需要在交易平台上建立严格的技术和管理措施来保护用户数据不被非法使用或泄露。

从监管实施的角度看，跨境支付涉及的不只是技术问题，更多的是法律和政策的问题。各国的法律环境与政策导向不同，使得数字人民币的发展面临多种挑战。监管机构需要通过国际合作来制定统一或兼容的法律和政策框架，实现监管的有效性和效率的提高。特别是在打击洗钱、资金走私、恐怖融资等领域，需要国际社会共同努力，建立健全监控和处罚机制。

此外，数字人民币与其他货币的互换机制还需要考虑宏观经济的影响。数字货币交易的便捷性可能会加速资本流动，给各国的金融市场、货币政策及其经济稳定带来影响。因此，如何在促进创新和便利性的同时，兼顾经济大局的稳定，是制定这一机制时必须综合考量的重要问题。

七、国际合作与数字人民币的法律框架发展

数字货币的跨国属性要求各国法律法规有更高的协同性，以维持全球金融稳定与增强合规性。国际合作在推动数字人民币的法律框架发展中扮演着关键角色。通过加强国际对话和协议，可以建立一个统一的监管标准和操作规范，这对于处理跨境支付与外汇管理的合规问题至关重要。

在数字人民币的国际合作方面，有几个重要的方向需要深入探讨：

首先，与主要国家和国际金融组织进行对话，包括国际货币基金组织、世界银行和国际清算银行等。通过这些对话，可以探讨设立共同的监管框架和技术标准，确保所有参与国都能在同一标准下操作，减少因规则差异带来的合规风险。

其次，数字人民币作为一个跨境支付工具，与传统的外汇管理体系相结合，必须处理一系列复杂的技术和法律问题。这包括如何确保跨境交易的透明度、如何防止洗钱和恐怖融资，以及如何保护用户隐私和数据安全。在这些问题上，需要国际社会协商解决方案，形成合力，推动数字人民币的健康发展。

再次，数字人民币的国际合作也需要关注与其他国家数字货币的兼容性问题。例如，如何确保数字人民币能够与欧盟的数字欧元、美国潜在的数字美元等其他数字货币顺利进行交互。这要求从技术层面上解决兼容性问题，并建立相应的法律框架以支撑这种跨货币区域的互操作性。

从次，在推动国际合作的过程中，中国可以借鉴已有的国际金融合作经验，

并在此基础上展开特定于数字货币的创新合作模式。例如，可以设立国际数字货币研究中心，聚集全球专家学者和政策制定者，共同研究和解决数字货币运行中的技术、法律和监管问题。

最后，通过建立跨国监管沙盒环境来测试数字人民币的国际应用。在这样的环境中，可以实时监控数字人民币的跨境流动和交易行为，评估其对全球金融系统的影响，并据此调整和完善相关法律规定。

解决这些关键问题需要国际合作，特别是在法律框架和监管机制的建立上。合作不仅限于技术和经济层面，更涉及政策制定和法律体系的协调。各国需要共同努力，制定出一套全面的、国际通行的数字货币合规标准和操作规程。

第四节　消费者权益保护与合规

一、消费者教育和信息透明度

消费者教育是确保用户能够正确理解和高效使用数字人民币的基础。数字技术的快速发展使得金融产品越来越复杂，普通用户尤其是中老年消费者在面对新兴的数字支付工具时，常常感到陌生和困惑。因此，有针对性的教育活动可以帮助他们更好地理解数字人民币的功能、操作方式和潜在利益。这种教育不仅应包括基础的操作训练，更应涵盖安全使用、隐私保护等方面的知识，使消费者不仅能使用数字人民币，而且能够安全、聪明地使用。

信息透明度则是建立消费者信任和保证数字人民币系统公信力的关键。信息透明包括两个层面：一是关于数字人民币本身的各种政策、规则的公开；二是关于用户交易的透明。在第一层面，政府和金融机构需要确保所有关于数字人民币的发行、流通、使用规则都是公开透明的，无论是关于费率、交易限额还是用户权利与责任等，都应当公开明确，易于用户理解。在第二层面，保障用户能实时查看自己的交易记录、账户余额等信息，是赢得用户信任及提高用户满意度的重要因素。此外，应对用户的隐私数据进行严格保护，确保用户个人信息不被泄露，也是信息透明而非透支的一个重要方面。

在消费者教育方面，可通过多种途径进行普及。例如，政府和金融机构可以通过社区中心、学校、老年大学等场所，组织面对面的教育讲座和培训班。此外，利用电视、广播和网络媒体发布指导视频和操作手册，也是达到大范围普及的有效方式。此外，可以开发简单易懂的应用程序或交互式教学平台，使人们通过互动学习更容易地掌握必要技能。

信息透明度的提高，需要在技术和政策层面同步推进。技术层面，利用区块链等现代信息技术来确保数据的不可篡改和可追溯性，可以增强系统的安全性和透明度。政策层面，则需制定更为明确和严格的规定，要求金融机构提供全面透明的服务信息，同时加大监管力度，确保这些要求得到有效执行。

将消费者教育和信息透明度有效地结合起来，对于培养消费者的数字金融意识、提高他们的自我保护能力、增强他们对数字人民币系统的信任都是至关重要的。这不仅有助于数字人民币的健康发展，也保护了广大消费者的合法权益。在数字经济日益重要的今天，这种教育和透明度的提升，对于构建一个公平、透明、高效的数字金融环境至关重要。通过这些方法，可以最大限度地减少消费者因不了解而产生的误操作，增强其对新兴数字货币体系的适应能力和接纳度。

二、合规的投诉处理机制

为确保数字人民币系统合规性与消费者权益得到有效保护，设立合理的投诉处理机制显得尤为重要。此机制不仅应解决用户在日常交易中面对的问题，更应为可能出现的系统错误、诈骗行为及隐私侵权等情况提供及时的救济方案。

投诉处理机制首要考虑的是易于用户接触和操作。数字人民币作为一个新兴的支付方式，其操作界面应设计为用户友好，确保所有用户特别是老年人和技术不熟练的用户能够便捷地找到投诉入口。同时，投诉过程的每一步都需要有清晰的指引，确保用户能够无误地提交投诉。

此外，投诉的处理流程要严格高效。一旦投诉被提交，相关负责部门需在最短时间内对问题进行确认，并给予回复。在处理过程中，投诉部门应采集足够的信息，对投诉的真实性、相关性进行初步评估，以决定如何合理处理。此过程中，保护用户的隐私信息是必须严格遵守的原则，任何与处理投诉无关的人员均不应接触用户的个人信息。

处理投诉的机构需设立专门的团队，这个团队应由熟悉数字人民币操作、法律和客户服务的专业人员组成。这样不仅可以提高处理效率，还能确保处理过程的专业性和法律合规性。团队中的成员需定期接受培训，以确保他们对数字人民币的最新技术动态和法律政策有充分的了解，从而提高对复杂问题的处理能力。

实际的问题解决方案应具体实用。对于一般性的投诉，如操作误解或者对服务不满，应提供标准化的解决方案；而对于涉及交易错误或账户安全等严重问题的投诉，则需要提供更详细的调查及个性化解决策略。在整个处理过程中，必须确保时刻维护消费者的合法权益，如在任何调查中保持公平、保证结果的正确性，并为用户提供必要的赔偿或补救措施。

对于投诉处理的结果，同时设置必要的上诉机制也是非常关键的。如果用户对初次处理结果不满意，应能通过上诉途径申请再次评审。上诉机制应同样高效、透明，确保用户权益得到二次审视的公正机会。

有效的投诉处理机制还需要定期的审核和评估。通过收集投诉处理的数据、定期分析投诉原因和处理结果，管理层可以更好地理解投诉的常见原因及任何可能的系统性问题。这种持续的优化不仅可以提升用户满意度，还可逐步减少投诉的发生，提高整个数字人民币系统的稳定性和可靠性。

最终，建立一个高效、透明且对用户友好的投诉处理机制，是数字人民币能够在市场中长期稳定发展的关键。只有不断优化这一机制，才能确保数字人民币在保护消费者权益方面持续进步，强化社会公众对此新兴支付方式的信任与接受度。

三、产品和服务的透明度要求

透明度不仅是增强消费者信任的重要机制，也是确保金融稳定与监管合规的关键因素。对于数字人民币而言，确保其产品和服务的透明度，意味着需要在多个层面上做出细致而周到的考量与安排。

数字人民币作为一种新型的数字货币，其产品的功能、使用范围、交易机制等都需明晰地向公众呈现。具体而言，数字人民币的发行机构需要明确告知用户该货币的技术基础，例如，采用的是区块链技术还是其他电子支付技术，以及这些技术的安全性和稳定性。此外，数字人民币的价值稳定机制、兑换方式、适用场景等都应详细公开，使得消费者能够充分理解其操作流程及可能遇到的风险。

在服务方面，数字人民币的服务提供者必须确保所有的服务条款与条件都是透明和易于理解的。这包括用户协议、隐私政策、交易费用等。特别是在费用结构方面，应详尽列举可能涉及的所有费用，防止隐藏费用而导致消费者不满。例如，转账手续费、账户管理费等，都应当在用户开始使用服务前明确告知。

透明度还要求数字人民币的任何更新或政策调整都应及时公开，并通过容易获取的方式通知所有用户。这不仅包括技术更新，还包括与监管政策、市场运作相关的变动。例如，如果数字人民币的法律地位有所变动或者相关使用政策有所调整，相关信息应该通过官方渠道迅速向公众发布，确保所有使用者都能在第一时间内获得这些重要信息，以调整他们的使用策略或进行相应的风险管理。

除了向用户明确信息外，数字人民币的服务提供者还需要建立一套有效的用户反馈机制。用户应该可以轻松地就任何疑问或不满通过官方渠道与服务提供者进行沟通。服务提供者对于用户反馈的处理流程、时限及反馈结果也应当公开透明，以此来提升用户的满意度和信任度。

在稳定性和风险预警方面，数字人民币的发行方及运营方应采取透明的方式来报告其风险评估和管理措施。例如，应对突发金融危机的应急计划、资金安全的保障措施以及用户资产的保护策略，都详细地对外公布，并保证这些信息是最新的。此举不仅能够增强消费者对数字人民币系统的信任，更能在金融市场中树立起数字人民币的正面形象，促进其被更广泛地接受和使用。

四、合理使用消费者数据

数字人民币作为一种新兴的支付工具，其特点之一是具有高度的数据化和信息化，这使得个人隐私保护尤其受到关注。因此，合理使用消费者数据不仅是技术和管理问题，更是法律和伦理层面的重大问题。

数字人民币在收集和使用用户数据时，必须严格遵守适用的数据保护法规。这涉及数据的收集、存储、处理和传输等各个环节，必须确保数据的安全，防止数据被未经授权访问、使用或泄露。数据的收集应当是合法、公正且透明的，且收集的数据类型和数量需与其提供服务所必需的最小量保持一致，不得无故扩展数据的收集范围。

当数字人民币的运营机构处理个人数据时，应当明确告知消费者数据的使用目的、使用方式以及数据的使用时长，并且需要获取消费者的明确同意。这种同意必须是基于充分信息的自由决定，不得通过误导、强迫或隐瞒真相的方式获得。此外，消费者也应有权随时撤销他们的同意，并要求删除或停止使用其个人数据。

在使用消费者数据方面，必须严格执行数据的最小必要原则，仅在完成特定、明确且合法的目的所必需的范围内处理必要的数据。涉及特别敏感的信息，如个人身份信息、金融账户信息等，需要实施更严格的保护措施。例如，加密技术可以在很大程度上保护数据不被非法使用，在数据的传输过程中使用加密技术是保护数据安全的有效手段。

数据的存储也是一个重要问题。数字人民币的相关数据不应无限期存储。需要制定明确的数据保留和销毁政策，以确保数据仅在必要期间内被存储，并在达到存储目的后适时地进行销毁。此外，数据存储的地理位置也受到法律的严格限制，一些特定的敏感信息可能需要在本地存储，不得跨境传输。

对于数据的访问和修改，应当建立健全权限管理制度，确保只有授权的人员才能访问或处理数据，且相关人员的访问和处理行为都应有明确的记录和监控，以防止数据的滥用和未经授权的访问。

消费者也应有权获取其个人数据，并且有权要求更正或更新不准确的数据。这不仅是个人隐私保护的需要，也是建立消费者信任和数字人民币长期发展的需要。因此，建立透明、高效的数据访问和更正机制对于增强消费者信心和推动数字人民币的广泛接受至关重要。

数字人民币的政策制定者和运营机构需要与国内外的数据保护监管机构合作，确保制定的规则与国际数据保护标准保持一致，并充分考虑跨境数据流动的合法性和安全性。通过在国际合作框架内讨论和解决这些问题，可以有效地提升数字人民币在全球范围内的合规性和竞争力。

合理使用消费者数据不仅关乎技术和管理层面的优化，更是一项重大的法律和道德责任。只有在确保数据安全的前提下，通过合法、合理的方式使用消费者数据，数字人民币才能得到社会的广泛认可和信赖，从而健康、稳定地发展。

五、消费者风险提示与告知责任

消费者在使用数字人民币进行交易时，面临的主要风险包括技术安全风险、隐私保护风险、诈骗风险等。例如，虽然数字人民币的交易系统设计有较高的安全性，但仍然可能遭遇黑客攻击、系统故障等技术问题，这些都可能导致消费者的资金安全受到威胁。此外，数字人民币的匿名性虽能在一定程度上保护用户隐私，但也可能被不法分子利用来进行洗钱、逃税等活动，加大了监管的难度并可能间接影响普通消费者的利益。

在此背景下，建立明确而有效的消费者风险提示与告知责任机制显得尤为关键。这包括以下五个方面。

（1）明确信息告知内容。监管机构需要制定清晰的规定，要求数字人民币的发行和服务机构在消费者开始使用数字货币之前，必须向消费者明确说明可能遇到的风险类型，包括交易风险、技术风险、法律与政策变动的风险等。此外，还应包括消费者在遇到问题时的应对策略和机构的责任范围。

（2）定期更新风险信息。随着技术的发展和市场环境的变化，原有的风险提示可能会变得不再完全适用。因此，关键是要求相关机构必须定期评估并更新风险提示信息，以确保消费者能够获得及时且准确的风险知识。

（3）利用多种渠道进行风险提示。仅仅在数字人民币的服务合同中附上风险提示是不够的，应通过更多元化的渠道，如官方网站、移动应用通知、公共讲座等方式，向社会公众广泛宣传数字人民币的使用风险。

（4）增强消费者风险意识教育。除了风险提示，还需通过建立消费者教育程序和工具来提升公众对数字货币风险的认知与应对能力。例如，政府和金融监管机构可以联合教育机构和非政府组织，开展数字货币知识普及活动。

（5）建立健全投诉与纠纷解决机制。确保消费者在遇到与数字人民币相关的问题时，可以通过有效的途径表达诉求并获得及时的解答与帮助。

通过上述措施，可以有效地强化数字人民币的合规性框架，适应消费者权益保护的需求。这样的做法不仅增强了消费者的信心，也为数字人民币的长远发展奠定了坚实的基础。此外，清晰的规定和有效的执行也有助于增强国际社会对中国数字货币政策的信任和接受度，为数字人民币在全球金融市场中的推广与应用创造有利条件。在未来，随着数字人民币使用的普及和技术的进一步发展，监管框架和合规措施的持续优化将是提升消费者保护水平的关键。

六、电子合同与签名的法律效力

电子合同是指通过电子信息网络等技术手段所订立的合同，它与传统纸质合同具有同等的法律效力，这一点已经在多国的电子签名法及相关立法中得到了明确。实质上，电子合同的有效性和法律约束力，主要取决于电子签名的合法性及其在合同中的应用。

电子签名是指用电子方式签署的任何形式的表示个人认可的符号，包括数字签名，是电子合同法律效力的核心。依据《中华人民共和国电子签名法》，有效的电子签名应与本人相关联，能够识别签名人身份，并且签名后的任何改动都能被检测出来。只有满足这些条件，电子签名才具备法律效力，并且能保障交易双方的权益。

在利用数字人民币进行交易的过程中，电子合同及电子签名的引入不仅提高了交易的效率，还大大降低了交易成本，但同时也产生了如何确保电子签名的安全性、如何防范电子签名的伪造和篡改，以及如何保证电子签名的身份验证功能等一系列法律问题和技术挑战，解决这些问题是确保电子合同效力的关键。

在安全性方面，电子签名技术通常包括对签名人的身份进行加密，以确保交易双方的信息不被第三方恶意获取。此外，完善的技术解决方案能够检测到对电子文档的任何未授权变更，从而保证合同内容的完整性。为了进一步增强电子签名的安全性，许多国家和地区已经开始引入基于区块链技术的电子签名解决方案，利用其不可篡改的特性来促进电子签名技术的安全性和可信性。

解决电子签名的法律问题也是推动数字人民币交易合规性的重要方面。例如，在消费者权益保护中，应确保消费者明确了解电子合同的所有条款，并确认其电子签名确实代表其意愿。这要求相关的法律法规明确电子签名的使用场景，保护消费者的知情权和选择权，防止技术使用不当导致消费者利益受损。

在国际合作方面，不同国家对于电子签名的法律要求存在差异，这就要求在进行跨境电子交易时，双方充分理解对方国家关于电子签名的法律要求。如此一来，可以在确保法律允许的前提下进行有效的交易，防止因法律冲突导致的交易无效问题。

随着技术的不断发展与完善，电子合同和电子签名的法律地位和技术标准将进一步国际化、标准化，有助于推动全球数字经济的发展。同时，随着法规的适应性改进和技术的安全性增强，消费者对于使用电子签名和电子合同的信任度也将进一步提升，从而促进数字人民币及相关电子交易方式的广泛应用和健康发展。因此，监管机构、企业和消费者等多方的努力与合作，对于电子合同及签名的法律效力的确立至关重要，只有这样才能确保数字时代交易的安全性、合法性和便捷性。

七、消费者保护政策的持续更新与监管对接

随着技术的发展和市场环境的变化，消费者面临的风险和挑战也在不断演变，这要求相关政策和监管措施能够持续更新，以适应新的需求和问题。

数字人民币作为一种新型的数字货币系统，涉及广泛的技术和法规问题，其

中不乏诸如隐私保护、交易安全、资金流向透明度等关键问题。在这些问题中，消费者权益保护显得尤为重要，因为它直接关系到广大用户的切身利益和对数字货币系统的信任度。为此，政策制定者和监管机构需要确保他们在制定政策时能够充分考虑到保护消费者权益的需求，同时对现有政策进行定期的审查和更新，确保政策的时效性和有效性。

政策的更新不仅应对技术的变化做出响应，还需考虑市场环境的变动。随着数字人民币使用的普及，其交易模式、应用场景及相关的风险类型都可能发生变化，这就要求监管政策能够灵活调整，及时修订。例如，初期政策可能更注重技术安全和数据保护，而随着用户量的增加，消费者教育、交易透明度，以及反欺诈措施等方面也将成为监管的重要内容。

除了政策的更新，监管机构与政策的对接也极为关键。有效的监管不仅需要有适时更新的政策，更要有强有力的执行机制。监管机构应当建立与政策更新同步的监测和执行系统，确保政策落地的同时能够有效监控市场反应和技术进步带来的新情况、新问题。例如，可以通过建立数字人民币交易的监控中心，利用大数据和人工智能技术来分析消费者行为，及时发现潜在的欺诈行为或其他违规问题，从而快速响应并采取相应措施。

在持续更新与监管对接的过程中，公众的意见和反馈也非常重要。监管机构需要建立有效的沟通机制，收集来自消费者和市场参与者的反馈，这些信息将为政策的调整和完善提供重要依据。例如，可以定期开展公听会，或者建立在线反馈平台，允许用户直接报告问题和建议，确保监管措施和政策更新能够充分反映公众的需求和市场的实际情况。

在全球化的背景下，国际合作在数字人民币消费者保护政策的持续更新与监管对接中扮演着同样重要的角色。不同国家和地区在数字货币的监管方面可能有不同的法规和标准，通过国际合作，可以促进监管经验的交流，统一监管标准，提高跨境交易的安全性和效率。这不仅有助于保护消费者权益，也有利于推动数字人民币在全球范围内的健康发展。

第五章
数字人民币的风险管理与防范

第一节　操作风险管理

一、内部控制机制

内部控制机制不仅是数字人民币安全运行的基础，也是确保合规性与防范各种潜在风险的核心环节。有效的内部控制机制能够帮助数字人民币运行机构及时发现并纠正操作中的偏差和错误，避免可能导致的法律风险和经济损失。

数字人民币的内部控制机制主要包括操作流程的规范化、职责分工的明确性、监控和审计系统的完备性及应急处理程序的有效性。这些控制机制均以降低操作风险、提高交易安全性和系统稳定性为目的，从而保障数字人民币的顺利运作和被广泛接受。

操作流程的规范化是内部控制机制中的首要步骤。数字人民币的操作流程应设计得尽可能简单明了，同时确保所有流程均有相应的安全措施和验证环节。例如，从用户身份验证到交易执行再到交易记录的存储，各个步骤都需要严格的安全措施来防范未授权的访问和操作。此外，操作流程的规范化还应包括定期更新和修订，以适应外部环境的变化和内部操作需求的调整。

职责分工的明确性对于防范操作风险同样至关重要。在数字人民币的管理和运营中，应明确每个员工的职责和权限，确保职责清晰且相互制衡。这不仅有助于提高工作效率，还可以通过职责的相互监督来减少误操作和欺诈行为的可能性。员工的责任心与专业素养也是职责分工明确性中不可忽视的一环，应通过持续的培训和评估来确保员工能够胜任其职务。

监控和审计系统的完备性是内部控制机制中的另一重要组成部分。有效的监控系统可以对数字人民币的所有操作进行实时监控，及时发现并处理异常交易。同时，审计系统则通过对已完成的交易和操作过程进行回顾和检查，帮助发现可能的风险点和漏洞。这两种系统应互为补充，共同构建一个全面的风险管理和内部控制体系。

应急处理程序的有效性则关乎数字人民币在遭受突发事件时的应对能力。无论是技术故障、外部攻击还是内部操作失误，都需要一个明确和高效的应急处理机制来最小化损失和影响。这包括事前的风险评估、事中的快速响应和事后的彻底调查与整改。每一个环节都必须事先计划好，且所有相关人员都应熟悉应急程序，能在危机发生时迅速而有效地行动。

通过以上各方面的深入探讨，可以看出内部控制机制在数字人民币的风险管理中的核心作用。它不仅涉及技术和操作层面的具体实施，更涉及战略层面的广泛考量。随着数字人民币市场的不断扩大和技术的持续进步，内部控制机制的建立和完善将是确保其健康发展的关键。正确实施和不断优化这些控制措施，将直接影响数字人民币的稳定性、安全性及其在全球金融体系中的地位和作用。通过充分的内部控制和严密的风险管理，数字人民币能够更好地服务于经济发展，增强公众的信任并提高其接受度。

二、员工培训与教育

对于数字人民币的操作风险管理而言，员工培训与教育首先需要确保所有参与者都具备必要的知识和技能来处理与数字货币相关的任务。这包括对数字人民币的基本概念、技术架构、使用方式，以及相关的法律法规有一个全面的理解。例如，培训内容需要涵盖数字人民币的发行机制、交易处理流程、加密技术基础，以及数据保护等方面的知识。

随着数字人民币系统的不断发展和完善，新的操作流程、技术更新及法规变更也层出不穷。因此，持续的教育和培训变得十分重要。这不仅包括入职培训，还应包括定期的复训和更新课程，以确保员工能够及时掌握最新的知识和技能。通过定期的评估和测试，可以有效地确认培训效果，及时发现培训中的不足，并进行针对性的改进。

为了提升培训的效果，可以采用多种教育手段和工具。传统的面对面授课是基础，但也可以通过在线学习平台、模拟操作环境、案例分析等方法，增强培训的互动性和实战性。特别是在处理具体的风险事件时，通过模拟训练可以让员工在非真实环境中体验真实操作场景，这对于提高突发事件的处理能力和风险意识尤为重要。

在制订员工培训与教育计划时，还需要根据不同岗位的职责和特点进行个性化设计。不同的岗位面临的风险类型和管理要求可能有所不同，因此培训内容和方法也需要进行相应的调整。例如，前台操作人员更多的是需要关注交易的安全性和效率，后台技术支持团队则需要深入了解系统的技术细节和可能的技术风险。

此外，合规性教育也是培训中不可或缺的一部分。随着数字人民币相关法律法规的不断完善，合规性要求也在不断提高。员工必须清楚了解当前的法规要求，理解合规操作的重要性，并将其贯彻到日常工作中。这不仅可以避免不合规操作带来的法律风险，还可以增强员工的法律意识，提升整个机构的法律合规水平。

三、交易监控与反欺诈措施

随着数字经济的发展和数字支付手段的广泛应用，金融交易安全面临着越来越多的挑战。特别是对于像数字人民币这样的国家数字货币，其安全性不仅关乎个人用户的资金安全，也涉及国家金融安全和货币政策的执行效率。

为有效管理这些风险，建立一套综合的交易监控系统显得尤为重要。这一系统主要包括对所有交易活动的实时监控、异常交易的自动识别，以及时发现并处理可能的欺诈行为。实时监控确保监管机构和金融服务提供者能够实时获取交易数据，便于分析交易模式，及早发现异常现象，如交易频率异常增高或金额异常波动等，这些都可能是欺诈行为的前兆。

此外，自动识别系统应用先进的算法，通过分析交易特征和历史数据，识别出与众不同的异常交易行为。这些算法包括机器学习模型和统计分析方法，它们能够学习和模拟正常的交易行为，从而有效地识别出不符合常规模式的交易。一旦检测到潜在的欺诈交易，系统就会自动标记并通知监管人员进行进一步的调查。

反欺诈措施也是交易监控系统的一部分。这些措施包括建立健全用户身份验证机制、加强对交易环境的数据保护，以及施行严格的数据访问控制等。用户身份验证是防欺诈的第一道防线，通过身份认证的强化，如双因素认证或生物识别技术，可以大大减少冒名顶替等类型的欺诈行为。

与此同时，对于通过交易监控系统检测出的异常行为，应制定快速响应机制和处置程序。这包括冻结涉嫌欺诈的账户，进行交易回溯，以及与执法机构的协作调查。快速响应不仅可以限制欺诈行为的损害范围，还可以通过处罚产生震慑效果，防止未来的欺诈行为。

还需要强调的是，交易监控与反欺诈体系的建立和完善是一个动态调整和持续改进的过程。这一过程涉及不断的技术更新和策略调整，以适应新的欺诈手段和不断变化的市场环境。例如，随着人工智能和大数据技术的进步，监控手段和反欺诈技术也会日益高效和智能。

四、数据安全与隐私保护

为保障用户的交易安全和个人信息不被泄露，需要制定严密的操作风险管理策略。数字人民币作为国家级的数字货币系统，其数据保护的重要性远超传统金融产品，因为任何漏洞都可能直接影响国家的金融安全和经济稳定。

数字人民币在设计和运营中加入了多种技术手段以实现对数据的严格保护。例如，采用区块链技术，这种技术的一个重要特征是去中心化存储数据，可以有效避免单一点故障引起的大范围数据丢失或篡改。此外，通过分布式账本技术，可以实现数据在多个节点间的实时同步，进一步增强数据的安全性。

尽管区块链技术具有众多优点，但仍存在不可忽视的隐私问题。在传统的金融交易中，用户的身份可以通过银行和其他金融机构得到有效保护，但在去中心化的区块链系统中，每个交易都是公开的，这可能会无意中暴露用户的交易行为和习惯，进而威胁到用户的隐私安全。因此，如何在保持区块链透明度和效率的同时，保护用户的隐私成为一个重要研究话题。

应对这一挑战的策略之一是采用隐私增强技术，如同态加密、零知识证明等，这些技术可以在不暴露具体交易内容的情况下验证交易的有效性。同态加密技术允许在密文状态下进行数据的计算和处理，结果也为密文，只能由合法拥有解密密钥的用户解读。零知识证明技术则可以让一方证明给另一方知道一个信息，而不需要透露信息本身，极大地增强了数字人民币系统的隐私保护能力。

此外，为加强数据安全与隐私保护，还必须完善相关的法规政策和监管体系。比如，明确数据收集、存储、使用和传输的规范，设立严格的行业标准和技术要求。监管机构需要与技术发展同步，不断更新和完善监管规则，以应对新兴技术可能带来的新型风险。

监管机构还应设立专门的监测和应急响应机制，对数字人民币系统进行实时监控，一旦发现数据泄露或其他安全事件，能够迅速启动应急预案，以最小化潜在的损害。这包括与国际监管机构合作、共享信息和最佳实践、构建全球统一的反欺诈和防风险网络。

对于用户而言，增强个人数据保护意识也极为重要。用户需要了解自己的数据如何被收集和使用，并采取措施保护自己的账户安全，如使用复杂的密码、定期更换密码、不在非信任的设备上进行交易等。

五、应急响应与事故处理流程

在数字人民币的操作中，应急响应与事故处理流程是至关重要的部分，因为这关系到数字货币系统的稳定性和用户的信任度。应急响应必须能够迅速有效地解决突发的技术故障或安全事件，确保所有的运作能够迅速恢复正常，并最大限度地减少可能的损失。

数字人民币作为一种新型的数字货币，其技术基础主要是依赖于高度复杂的信息技术和网络系统。在这种背景下，操作风险管理成为维护数字人民币系统安全运行的重要组成部分。操作风险可能包括系统故障、网络攻击、数据丢失或泄露等。因此，建立一个有效的应急响应与事故处理流程，不仅能够应对突发事件，还可以预防可能的风险，减少损失。

事故处理的第一步是事故的快速检测和识别。数字人民币的运营机构需要部署高效的监控系统来实时监控所有运行情况，包括交易活动、系统性能和安全威胁。这些监控系统能够在第一时间内识别出异常行为或潜在的风险点，从而启动应急响应流程。

一旦发现潜在的事故或风险，相关部门需立即评估事故的严重性和可能造成的影响，这一评估将决定响应的紧急级别和资源分配。评估完成后，应急响应团队需立即启动事故响应计划，该计划应包括具体的操作步骤、责任人分配以及所需资源的调配。

在事故处理过程中，信息的透明化和及时沟通同样重要。数字人民币运营机构应确保在事故处理期间，能够及时向所有相关方提供关键信息，包括事故的性质、已采取的措施以及预期的恢复时间等。这样的沟通不仅有助于内部协调，也有助于维护用户及公众的信心。

此外，事故处理完毕后，需进行彻底的事后回顾和分析。这包括对事故原因的深入调查，评估已采取措施的效果，并从中汲取经验，优化事故响应计划，预防同类事故的再次发生。通过定期的演练和审查，可以进一步强化应急响应与事故处理流程，提升系统整体的抗风险能力。

六、供应链和外部服务提供商管理

在数字货币的背景下，这些供应商可能包含技术服务提供商、安全解决方案供应商、数据处理中心和其他与系统运行直接相关的第三方实体。管理这些供应链成员对于防范操作风险、保障数字人民币系统的安全、稳定运行至关重要。

供应链和外部服务提供商管理的核心在于确保所有第三方服务都在严格的合规框架和安全标准下操作。这包括对供应商的选择、评估、合同管理、持续监控和风险评估等多个方面。选择供应商时，核心的标准应包括供应商的技术能力、业务持续性、安全保障措施、以往的合作历史和市场声誉等。中国人民银行或其他管理机构需要制定一套严格的标准和流程，以确保选定的供应商能够满足数字人民币系统的特定需求。

在评估过程中，除了考量供应商的基本资质和技术实力，还应重点考虑其安全管理体系的完善程度及其对相关法律法规的遵守情况。例如，是否有足够的措施来保护存储或处理的数据不被非法访问或泄露、他们的业务恢复计划是否充分，以应对可能的系统故障或其他突发事件。

合同管理也是供应链和外部服务提供商管理中的一个重要环节。明确合同中规定的服务水平协议（SLA）、数据保护标准、知识产权归属，以及在发生安全事件时的责任和义务划分，对于预防和降低操作风险至关重要。此外，合同应包含允许进行定期审计和风险评估的条款，以确保服务提供商持续遵守约定的标准和法规要求。

持续监控是确保供应链安全的另一关键措施。这包括定期的性能评估，以及通过技术手段和物理检查来监控供应商的活动和服务质量。监控过程应通过构建透明的报告机制和定期的业务审查会议来实施，确保所有潜在的风险都能够被及时识别并得到有效管理。

在风险评估方面，必须对外部服务提供商可能带来的风险进行全面分析，包括技术故障、数据泄露、服务中断和合规风险等。实施风险评估应是一个动态的过程，随着技术的更新和市场环境的变化，评估的频率和方法也应相应调整。评估结果应用于指导风险缓解措施的制定，比如，增加冗余、强化数据加密、加强用户认证过程等。

通过上述措施，可以确保数字人民币的操作风险得到有效的管理和控制，同时也保护了系统的安全和稳定。此外，良好的供应链和外部服务提供商管理不仅能够提高数字人民币系统的整体运行效率，还能增强公众对数字货币系统的信任和接受度。每一个环节的严格监管都体现了对风险的深刻洞察和前瞻性防范，是确保数字人民币长远发展的基石。

七、法律合规与政策更新

数字人民币作为一种新兴的支付工具，其法律地位、运营方式及监管要求未必与传统货币系统完全一致，这就要求相关的法律体系和政策指导能够及时更新，以确保数字人民币的运行不仅遵循现行的法律框架，同时也能适应快速发展的市场环境。

数字货币的运营涉及广泛的合法性问题，包括反洗钱、反恐融资以及个人隐私保护等。在这些方面，法律合规要求清晰明确的法规来规范数字货币的使用范围、交易限制以及用户身份验证的严格程度。例如，中国人民银行制定了多项关于数字人民币的试点规则和监管指导原则，这些都需要在日常的运营中严格执行，以防止法律漏洞和利益冲突。

在政策更新方面，因应技术发展和市场需求的变化，监管机构需要不断审视和调整现行的政策。随着区块链技术的不断成熟，原有的监管框架可能已不足以应对新出现的问题和挑战，如交易速度、跨境支付处理，以及新的安全风险等。政策的及时更新不仅可以促进技术创新，还能保障用户的利益，防止市场操作不透明或不公平现象的发生。

此外，数字人民币的法律合规与政策更新还需要考虑国际合作与协调的问题。随着数字经济的全球化，数字人民币可能被用于国际贸易和跨境支付。在这方面，国际法律的兼容性和监管机构之间的合作变得尤为重要。例如，欧盟、美国等均有自己关于数字货币的监管政策，我国的政策制定者需要通过国际交流与合作，来确保数字人民币的法律框架能在国际舞台上获得认同，从而促进其在全球的应用。

通过对法律合规内容的充实与细化，例如，加强用户身份验证的法规要求、加大对非法交易的监控力度等，可以大幅提升数字人民币系统的安全性与透明度；同时，对于防范潜在的金融风险，也起着不可或缺的作用。政策的更新拓展了数字人民币应对新挑战的能力，例如，在处理跨境交易时，需要有明确的政策来指导如何应对外汇管理、税务处理以及反洗钱等问题。

进一步地，监管的更新还可以引入更多关于技术保障的条款，例如，数据保护、网络安全等，以应对数字经济中数据泄露与网络攻击等日益严重的问题。数据保护规范必须随技术演进，确保所有用户的交易数据不仅被加密保护，更符合国际对隐私保护的要求。

将上述法律合规与政策更新的方方面面落到实处，需要政府、监管机构和市场参与者之间的密切合作。各方必须共享信息，协同推进法规的实施和技术的应用，实现数字人民币在法律监管框架下的健康发展。这种合作不仅要在国内进行，还应该拓展到国际，与全球主要经济体的监管机构和金融机构共同探讨和建立数字货币的国际规范。

第二节　技术风险管理

一、数据安全与加密技术

在技术风险管理中，数据安全与加密技术的应用不仅保护了用户资金的安全，同时也维护了金融市场的健康发展和国家金融安全。

数据安全首先要解决的是保密性问题，即确保信息在存储和传输过程中不被未授权的第三方访问。为此，数字人民币系统采用了多种加密技术。其中，对称加密技术由于其加解密速度快，适用于大量数据的加密，因此成为数据传输过程中的首选。然而，对称加密的密钥管理问题不容忽视，一旦密钥泄露，将可能导致大量数据同时被破解。

与对称加密不同，非对称加密虽然处理速度较慢，但可以有效解决密钥分发问题。因为它使用一对公钥和私钥，公钥可以公开，私钥则需严格保密。在数字人民币的交易中，非对称加密技术常被用于验证交易的真实性和确保交易双方的身份安全。

此外，哈希函数也是数据安全的重要技术之一。通过哈希算法可以将任意长度的输入（如交易信息）转换成固定长度的输出，这个输出通常被称为哈希值。哈希值的唯一性和不可逆性使得任何微小的数据变动都会导致哈希值的显著改变，因此可以用来检查数据的完整性。在数字人民币系统中，哈希函数被广泛用于构建加密的区块链，每个区块都有前一个区块的哈希值，以此形成一种链式结构，极大增强了数据的安全性。

探讨数字人民币的数据安全不仅涉及技术层面，还需要对现有法律法规进行适配和更新。当前，关于数据保护的法律多着眼于个人信息的保护，并未完全覆盖金融交易数据的特殊性。因此，随着数字人民币的推广应用，相关的法律法规也需要更新，以提供更加全面的数据保护。

除了单纯的技术和法规保障外，数字人民币的数据安全也需要依赖于严格的系统审计和监控。定期的系统审计可以检测和修补可能存在的安全漏洞，而实时监控交易活动可以及时发现异常交易，有效预防可能的金融犯罪。

二、系统可靠性与稳定性

系统可靠性是指系统在规定的条件下和规定的时间内正常运行的概率，稳定性则关注在各种外部条件变化时系统能否持续稳定运行。具体到数字人民币的系统运营上，这涉及软硬件的设计、操作的安全性、数据管理以及应对潜在技术故障的能力。

要确保系统的可靠性，首先需要设计高标准的系统架构。这包括使用先进的加密技术来保护数据传输的安全，确保所有交易的真实性和不可篡改性。例如，采用区块链技术，可以在不依赖单一中心处理机的情况下，在多个节点之间分布式地记录和验证交易。这种弹性的设计增加了系统抗攻击性和故障时的自我恢复能力。

数据管理也是影响数字人民币系统可靠性与稳定性的一个重要方面，需要实施严格的数据质量控制和审核机制，确保输入和处理的数据准确无误。系统还需要具备强大的数据备份和灾难恢复能力，确保在任何技术问题发生时能迅速恢复服务，减少对用户和市场的负面影响。

从操作的安全性来看，需要对数字人民币的操作环境进行严密的安全评估和持续的风险管理。这包括对操作系统、应用程序和网络进行定期的安全评审和升级，以防止黑客攻击和其他网络安全威胁。同时，要求所有操作人员遵守高标准的安全操作规程，定期进行安全培训，确保每个环节都符合总体安全策略。

在应对潜在技术故障能力方面，必须建立一套全面的故障检测和应急响应机制。这意味着不仅要在系统设计之初就考虑到冗余备份和故障转移方案，还要在系统运营过程中持续监控系统性能，实时检测和处理任何可能的故障或异常。应急响应计划需要详细说明在不同故障情况下的具体响应步骤，确保能够快速有效地解决问题，最大限度地减少服务中断的时间和影响。

此外，随着技术的不断进步和新的威胁的出现，数字人民币的系统设计和管理策略也应该是动态更新的。这要求监管机构、技术提供商和使用方在一个开放而协作的环境中共同工作，分享最新的技术进展和安全威胁信息，以便持续改进系统的可靠性和稳定性。同时，也需要对相关的法律法规进行定期的审视和更新，以保证技术措施和政策的同步。

三、防黑客攻击与网络安全措施

数字人民币作为一种新型的数字货币形态，虽然它在提升交易效率、降低运营成本等方面具有显著优势，但也面临着不容忽视的技术风险，尤其是黑客攻击和网络安全问题。防范这些风险至关重要，不仅关系到数字人民币系统的健康稳定运行，也直接影响着广大用户的财产安全与信任度。

在技术层面，黑客攻击通常通过对软件漏洞进行利用、系统侵入、数据窃取或破坏，对数字人民币系统构成威胁。为了有效防御这类攻击，必须从数字人民币的设计初期就将安全性作为考虑核心。例如，采用高标准的加密技术来保护数据传输的安全，确保所有交易数据在传输过程中均被加密，难以被外部截获和解析。此外，对于数字人民币的存储，应使用具有强大防护能力的硬件钱包，以物理隔离的方式减少网络接触点，进一步降低被攻击的风险。

在软件和系统的开发过程中，采用安全的编码实践是基本要求。开发团队需要对代码进行严格审核，利用自动化工具检测可能的安全漏洞。一旦发现问题，应立即修复，防止潜在风险的发生。同样重要的是，对数字人民币的操作系统进行定期的更新并补丁应用，以应对新出现的各种网络威胁和攻击技术。

系统监控和异常检测技术的应用也是防范黑客攻击不可或缺的一环。通过建立全面的监控系统，可以实时监控所有网络活动和交易行为，及时发现并响应异常情况。此外，利用人工智能和机器学习技术对数据进行深入分析，可以在一定程度上预测和识别潜在的恶意行为，从而提前采取应对措施。

对从业人员和用户的教育同样重要。应定期对从业人员进行网络安全培训，增强他们对于最新网络安全威胁的认识和应对能力。此外，普及数字人民币的安全使用知识，教育普通用户识别钓鱼网站、诈骗邮件等，可以在很大程度上减少安全事故的发生。

网络安全的合作与信息共享也是应对黑客攻击的有效方式之一。数字人民币作为国家级的数字货币项目，其安全运营离不开各方面的协作。可以通过建立跨部门、跨行业的信息共享机制，将攻击事件、安全威胁等信息进行共享，提高整个行业的安全防护能力。此外，与国际安全组织的合作，同样可以借鉴国际上先进的安全技术和经验，提升自身的安全防护水平。

四、技术升级与维护策略

数字货币系统依赖于先进的技术架构，其中包括区块链、数据加密、安全认证机制等多项核心技术。这些技术的维护和升级不仅影响到数字人民币的运行效率，更直接关系到用户的资金安全和个人信息的保护。

技术升级可以视为一个持续的过程，这一过程中涉及硬件设备的更新换代、软件功能的增强以及安全漏洞的修补。对于数字人民币而言，技术升级首要保证的是交易系统的稳定性和响应速度。随着用户数量的增加和交易量的上升，原有系统可能会出现处理瓶颈。需及时进行系统升级，以支持更大规模的数据处理需求，并提高系统对并发交易的处理能力。

同时，数字人民币的维护策略需要涵盖综合的监测和预防机制。系统维护不仅是修复已经出现的问题，更重要的是通过持续的监控预见潜在的风险，并采取预防措施。例如，安全团队需定期检查系统的安全漏洞和潜在的入侵威胁，通过更新安全协议和加强加密措施来增强系统的防护力量。此外，数据备份和恢复机制的建立也是维护策略中不可或缺的一环，以确保在数据丢失或系统出现故障时能够迅速恢复服务。

在进行技术升级与维护时，还需要注重用户体验的优化。这包括简化用户操作界面，提高系统的互动性和友好性。技术升级应遵循用户中心的设计思想，从用户的实际需求出发，优化交易流程，减少操作步骤，提供更为直观和便捷的交易体验。这不仅能够提升用户满意度，还有助于吸引更多的用户参与到数字人民币的使用中。

此外，技术升级与维护策略的制定和实施也需要依托于强有力的法律和政策支持。政府和监管机构应出台相应的法规和标准，规范数字人民币的技术升级与维护操作，确保这些活动在法律框架内进行，同时保护消费者权益不受侵害。监管机构还需关注技术创新可能带来的新的合规问题，及时更新和调整相关法规政策，以适应数字经济的发展。

面对国际化的挑战，技术升级与维护还应考虑跨境支付的兼容性和操作性。随着数字人民币越来越多地被用于国际贸易和投资，其技术平台需要能够与其他国家的数字货币或传统金融系统无缝链接，确保跨境交易的顺畅进行。这要求技术团队不仅关注国内的技术发展趋势，还要对国际标准和国外先进技术有足够的了解和把握，以引导系统升级和维护工作符合国际兼容标准。

有鉴于此，数字人民币的技术升级与维护策略不仅关乎技术层面的更新和完善，还涵盖了法规、市场、国际合作等多个维度的深入考量。一个全面的维护策略应当是一个包容并蓄、前瞻性强、响应速度快的系统策略，既要确保系统安全稳定，也要满足市场和用户需求，同时符合监管要求，以促进数字人民币的健康发展。

五、用户认证与访问控制

用户认证是确保交易安全、用户隐私和合规性的第一道防线。它要求系统能够验证和确认试图访问服务的是合法用户。在数字人民币的系统中，这通常涉及多因素认证技术，包括密码、生物识别技术（如指纹识别、面部识别等）以及基于设备的认证机制（如手机和其他智能设备的硬件标识）。多因素认证增加了非法用户未授权访问的难度，有效提升了平台的安全防护能力。

访问控制则是在用户成功认证后，对其访问权限的管理和控制。它确保用户只能访问其权限范围内的资源，对敏感操作（如大额转账、修改关键信息等）进行额外的验证或限制。有效的访问控制策略需要结合角色基础控制、基于属性的控制和环境动态控制等方面来实施，以应对不同的安全需求和变化的操作环境。

数字人民币平台的用户认证与访问控制系统也需要考虑用户体验和系统效率，在保障安全的同时，尽量减少对用户操作的干扰和延迟。例如，系统可以采用自适应认证技术，根据用户登录地点、设备安全状态、历史行为模式等因素动态调整认证要求。这种方法既能保障安全，又能在不降低用户满意度的前提下，智能适配和调整安全措施。

此外，随着技术的不断进步和攻击手段的日新月异，数字人民币的用户认证与访问控制也必须不断更新，以抵御来自各方面的安全威胁。这包括定期的系统安全评估、更新认证和访问控制技术、对用户和管理人员进行持续的安全培训等策略。

用户认证与访问控制在数字人民币的安全框架中占据着核心地位。随着技术的进步和经济的发展，这一领域也将继续面临新的挑战和发展机遇。未来，随着人工智能、机器学习等技术的应用，用户认证与访问控制的方法和技术将更加智能化、精细化，从而更好地服务于数字人民币的安全与发展。

通过这些举措，可以确保数字人民币系统稳定和安全的运行，为用户带来更加安全、便捷的金融服务体验。这不仅对用户个人的资金安全产生了积极的保护作用，同时也对整个金融体系的稳定运行和健康发展起到了基础性支撑作用。

六、技术合规性与审计

随着数字人民币的发展，确保其技术平台的合规性与安全性日益重要。技术合规性涉及确保所有技术操作和系统配置都遵守相关法律法规，技术审计则是对技术合规性的一种检验和验证手段。

技术合规性的核心在于确保数字人民币的发行和交易平台能够满足国家对于金融安全、数据保护的规定。这包括数据加密标准的应用、用户身份的验证机制以及交易数据的完整性保护措施。例如，数字人民币系统需要采用高强度的加密技术，以抵御黑客攻击和防止数据泄露。同时，为了保护用户隐私，还需遵循严格的个人数据保护法规，处理个人识别信息。

技术审计是评估和确保技术合规性措施得当执行的关键环节。技术审计包括定期检查系统的安全性和完整性，验证系统防护措施的有效性，以及监控系统操作的合规性。审计过程中，审计人员会检查和评估系统中的安全配置和日志记录，确保所有操作都有据可查，并且未发生未经授权的访问或数据泄露事件。

为了有效实施技术合规性与审计，必须建立一套标准化的操作流程。这包括定义合规性标准、建立监督机制，以及制定应对违规行为的策略。对于数字人民币平台而言，这还意味着需要不断更新和升级技术解决方案以应对不断变化的法规要求和安全威胁。

技术合规性与审计的挑战在于技术和法规的快速演变。随着技术的发展，新问题和风险持续出现，而相关法规和标准也需要不断更新以适应新情况。这要求数字人民币的技术团队和合规部门保持高度的警惕性和适应性，同时也需要与国家监管机构保持密切的沟通和协作。

另一个挑战是技术审计的资源需求。有效的技术审计需要专业的知识和技能，同时也需投入相应的时间和资金。特别是对于大型和复杂的系统，定期进行全面的安全评估和合规性审计可能会涉及显著的成本和人力资源。因此，选择适合的审计方法和工具，合理分配审计资源，是技术合规性与审计策略中的重要考虑因素。

七、应急响应与灾难恢复计划

在数字人民币的风险管理与防范中，应急响应与灾难恢复计划的建立是维护金融安全、确保数字货币系统持续稳定运行的重要环节。数字人民币作为一种新型的数字货币，其技术基础主要依托于高度复杂的信息技术和网络系统，这使得其在面对技术故障、网络攻击、数据泄露等威胁时需要有高效、有力的应对策略。

应急响应计划，主要指在遇到安全事件时，能够迅速启动的一系列预设程序和措施，以最小化损失并恢复系统正常运作。该计划的制订应基于对数字人民币系统可能遇到的各种风险的全面评估。这包括对硬件故障、软件故障、人为操作错误、网络攻击等风险类型的分类与评估。每一类风险都需要对应的应急措施，而所有的应急措施都必须快速、精准地投入实施，确保问题被迅速定位并得到有效控制。

灾难恢复计划，则是指在发生重大灾难导致原有系统严重受损或完全失效时，如何恢复系统功能、确保业务连续性的详细方案。这通常包括了数据备份、系统镜像、备用中心的运营等多个方面。重点在于构建一套能够在灾难发生后迅速激活并尽快恢复到灾难发生前状态的机制。数据备份策略需要周期性地执行，确保所有关键数据的多版本备份，以防单点故障。系统镜像应涵盖完整的操作系统、应用程序和用户数据，使得整个系统可以在新的硬件平台上快速重建。

实施这些计划需要高度的技术支撑与细致的流程管理。各级相关人员需接受专门的培训，以确保在危机事件发生时，各项措施能迅速且准确地执行。此外，这些计划的有效性需定期进行测试与评估，包括桌面演练和实地演习等，通过模拟灾难场景来检验各项应急措施和灾难恢复设施的实战效能。

建立有效的应急响应与灾难恢复计划，对于保障数字人民币系统的安全稳定至关重要。这不仅可以在事件突发时降低经济损失，还能够维护用户的信心以及整个金融体系的稳定。从而确保数字人民币能在我国乃至全球范围内顺利运行，推动我国金融科技的进一步发展。针对未来可能出现的新型风险，相关部门和机构需要持续更新和升级应急响应和灾难恢复相关的策略和技术，加强与国内外金融科技界的合作与交流，共同提高对抗复杂风险挑战的能力。这种前瞻性与适应性的策略将为数字人民币的长远发展奠定坚实的基础。

第三节　市场风险管理

一、市场波动性分析

与传统货币相比，数字人民币由于其数字化的特性，其价值和交易的稳定性面临着特殊的挑战和风险。市场波动性分析是理解和管理这些风险的关键部分，对于确保数字人民币的健康发展与广泛接受至关重要。

市场波动性通常指市场价格在一定时间内的变动幅度，这种变动可由多种因素引起，包括经济政策变动、市场参与者的预期、技术革新以及外部经济环境等。对于数字人民币而言，其波动性不仅受到国内经济和政策环境的影响，还深受国际市场变动和全球经济环境的影响。

在进行市场波动性分析时，首先需要评估影响数字人民币波动的内外部因素。例如，政府政策的变动，特别是货币政策、财政政策的调整，都会在很大程度上影响数字人民币的市场表现。此外，作为一种新兴的数字货币，相关技术的发展和应用，如区块链技术、加密技术的进步，也会对其安全性和交易效率产生重大影响，进而影响市场信心和币值波动。其次需要监测和评估市场参与者的行为模式。不同的市场参与者，包括个人投资者、金融机构以及政府部门，可能因其不同的需求和目标，采取不同的交易或持有策略。例如，个人投资者可能更关注短期的价格变动，而金融机构可能更注重长期的投资回报和资产配置。这些不同的行为模式在总体上会影响市场的供求关系，从而导致价格波动。

全球因素也是不可忽视的重要影响因素。在全球化的经济环境中，任何地区发生的重大经济、政治事件都可能通过各种渠道影响数字人民币的市场表现。例如，国际贸易摩擦、地缘政治冲突或者其他国家对数字货币的法律政策变动等，都可能导致投资者情绪波动，进而影响数字人民币的稳定性。

为了有效管理和预防这些市场波动风险，开展深入的市场波动性分析是必不可少的。通过对历史数据的分析，结合实时市场信息，分析人员可以建立模型来预测未来的市场趋势。这些分析结果可以帮助政策制定者制定更为精确和有效的监管措施，也能够为市场参与者提供投资决策的参考。例如，通过对市场波动性的定量分析，可以设置合理的波动阈值，并在市场变动超出这些阈值时及时采取干预措施，如调整利率、进行市场干预等，以维持市场的稳定性。

二、市场需求预测

首先，在进行市场需求预测时需要对数字人民币的用户群体进行准确的界定与分析。这些用户群体包括普通消费者、商业银行、非银行支付机构以及跨国企业等。每个群体对数字人民币的需求特点和需求量都有所不同，因此，进行需求预测时必须细分这些群体，并分析其具体需求。

对于普通消费者而言，数字人民币的便利性、安全性、可接受性是影响其需求的主要因素。消费者更倾向于使用安全、便捷的支付方式，因此，数字人民币的设计和推广需充分考虑这些因素。在这一点上，需求预测应该集中在消费者对数字支付工具的接受程度、对隐私保护的关注度以及对于数字货币使用的熟练程度等方面。

对于商业银行和非银行支付机构，它们对数字人民币的需求主要体现在交易成本、操作便利性以及系统兼容性等方面。银行机构在引入数字人民币后，如何与现有的电子支付系统进行有效整合，如何在确保安全的前提下减少交易成本，是它们关注的重点。此外，这些机构还需考虑如何通过数字人民币提供更多增值服务以吸引和留住客户，这也是需求预测需要着重分析的一个方面。

跨国公司对数字人民币的需求则更多地集中在汇率风险管理和国际结算便利性上。作为一种可能被用于国际贸易的货币，数字人民币需求的预测需要综合国际市场的变化、贸易政策的调整以及全球经济环境的波动等因素进行考量。

其次，在进行市场需求预测时还需要考虑技术发展对数字货币需求的影响。科技进步特别是在区块链、人工智能等领域的发展，将深刻影响数字人民币的功能性、安全性和用户体验。随着这些技术的成熟和应用，数字人民币的市场需求将有可能出现新的增长点或转变。

最后，市场需求预测需要依赖于大量的数据分析和模型预测。通过收集和分析与数字人民币相关的各种数据，包括用户行为数据、经济指标、技术发展水平，以及相关法规政策的变化等，可以构建起一个科学和全面的需求预测模型；而且该预测模型需定期更新和调整，以适应快速变化的市场环境，确保预测的准确性和可操作性。

这种综合性的预测不仅可以为数字人民币的风险管理提供科学的依据，还能为未来的政策制定和市场策略提供前瞻性的指导。通过持续的市场需求预测和分析，能够更好地把握数字人民币的发展趋势，制定相应的风险防范措施，推动数字人民币的健康稳定发展。

三、市场参与者行为研究

市场参与者的行为模式直接影响着数字人民币市场的稳定性和有效性。这些行为包括投资决策、交易行为、风险评估方法以及对市场变动的反应等。通过深入分析这些行为模式，可以更好地理解市场风险，并设计出更加有效的风险管理和防范措施。

数字人民币的市场参与者主要包括个人用户、企业、金融机构及政府相关部门。每一类市场参与者在数字人民币的应用和交易过程中均扮演着不同的角色，其行为特征和动机也各不相同。个人用户可能更关注数字人民币的便利性和安全性，企业可能着眼于成本效益和业务流程的优化，金融机构关注于交易的合规性、流动性管理以及新技术的风险控制，政府部门则侧重于监管和政策指导。市场参与者的行为研究需深入探讨以下几个方面。

首先，市场参与者的风险偏好。不同的市场参与者由于其背景、资本实力和业务目标的不同，其对于风险的承受能力和偏好也有所不同。了解这些风险偏好有助于预测其在面对市场波动时的行为模式。

其次，市场参与者的信息处理能力。在数字人民币市场中，信息的透明度和信息获取的便捷性对市场的健康运行至关重要。市场参与者的信息处理能力，包括如何获取、分析和利用市场信息，将直接影响其决策效率和效果。

再次，市场参与者的合规意识和法律遵守情况。在数字人民币的交易中，合规行为是确保个体利益和整个市场稳定的基石。合规意识不足或忽视法律规定的行为可能导致整个市场的不稳定，甚至引发系统性风险。因此，强化市场参与者的合规教育和法律责任感是防范风险的重要手段之一。

最后，市场参与者的心理因素。市场心理，如恐慌、贪婪、从众等，往往在市场极端行情下暴露无遗，这些心理因素能够在某种程度上放大市场的波动性。了解和研究这些心理因素如何影响市场参与者的决策，对于设计有效的市场干预和风险管理策略至关重要。

通过对上述各方面的深入研究，可以更全面地理解市场参与者的行为模式及其对数字人民币市场稳定性的影响。这不仅有助于监管机构制定更为科学和有效的政策，还能够帮助市场参与者提高自身的风险管理能力，共同推动数字人民币市场的健康发展。

四、监管政策的市场影响

政策制定者在推动数字货币的法律框架建设时，必须精细考量其对市场的直接和间接效应，因为这些政策决定了市场行为的规范性基础和运作的边界条件。

首先，监管政策对市场的影响体现在市场结构上。在数字人民币推出后，监管政策如何定义资格条件、交易规范以及兑换机制等，都直接影响着市场参与者的构成和市场的运作方式。例如，若监管政策倾向于严格限制参与的金融机构类型，可能会导致市场参与主体数量减少，影响市场的流通性和竞争程度。反之，较为宽松的参与条件则可能促进更多竞争者的加入，增加市场活力，但同时也可能引入更多的风险因素。其次，监管政策对于数字人民币的市场定位与功能发展同样起着决定性作用。根据政策的导向，数字人民币既可以作为一种支付工具，也可以被看作潜在的投资或储值工具。不同的市场定位会影响消费者和投资者对于数字人民币的需求，进而影响其价值稳定性。政策制定者需要权衡数字人民币的多重功能，合理设定其主导功能，以确保其长期健康发展不受市场偏见和误解的干扰。

一方面，在风险管理方面，监管政策必须能够预见并应对市场可能的风险。随着技术的发展和数字交易的增加，从事数字货币交易的技术风险、操作风险和反洗钱风险等也在增加。监管政策需要明确规范数字人民币的技术标准和安全要求，提出明确的合规标准和风险控制机制，加大对市场滥用行为的监控和处罚力度。这不仅有助于减少系统性风险，也有助于增加公众对数字人民币系统的信任度。

另一方面，监管政策的透明度和预见性同样重要。政策的突然变动会对市场参与者造成不确定性的影响，可能导致市场的过度波动或资本流动的剧烈变动。因此，制定稳定、明确且容易预测的政策是管理市场风险的重要因素。构建长远且稳定的政策框架，为市场参与者提供充足的适应和调整时间，能有效缓解政策变动带来的市场冲击。

五、国际市场环境影响

国际政治经济环境对数字人民币的市场风险管理至关重要。全球政治经济局势的不稳定性，如贸易摩擦、地缘政治冲突、经济制裁等，都可能影响数字人民币的交易安全和资金流动性。国际政策的不一致性使得跨国数字货币交易充满了法律和监管的不确定性，这些因素对于数字人民币的操作、流通及其价值稳定性构成了潜在的威胁。例如，某国突然宣布禁止或限制数字货币交易，可能会导致数字人民币在该国市场的流通受阻，甚至引发市场恐慌，影响其全球价值。

此外，各国中央银行的货币政策差异也对数字人民币及其他数字货币的国际交易环境产生深远影响。央行对数字货币的接受度不同，以及对其监管力度的差异，均可能导致数字人民币在不同国家和地区的接受程度和使用普及率形成巨大差异。货币政策的变动，如利率调整、汇率制度改变等，都会影响数字人民币的跨国转移成本和汇率风险。

经济全球化使得国际金融市场与国内金融市场联系日益紧密，国际市场上其他主流货币及金融资产的价格波动，也对数字人民币的价值稳定性产生影响。数字人民币若要在国际市场上稳定发展，需要对国际金融市场的动向有精确的把握和快速反应机制，及时调整策略以应对市场波动。例如，世界主要经济体的经济增长、消费者价格指数、国际原油价格变动等，都可能通过宏观经济机制影响数字货币的交易行为和策略选择。

信息技术的发展和应用是数字人民币能在国际市场上得以运用的重要支撑。然而，这也带来了技术安全和数据保护的问题，尤其是在跨国操作中，数字交易平台的信息安全问题和数据隐私保护法律在不同国家的差异，都需加以高度重视。为了管理这些风险，需要建立国际合作机制，加强跨国监管协调，共同打造安全可靠的国际数字交易环境。

面对国际市场环境的影响，数字人民币的风险管理策略需要动态调整。例如，可以通过设立风险缓冲基金、利用金融衍生工具进行风险对冲、增强系统的抗干扰能力和恢复力等方式来提高其抗风险能力。同时，与国际组织和其他国家的金融监管机构保持紧密的沟通与合作，共同促进数字货币市场的稳定与健康发展，也是确保数字人民币在国际市场稳定运行的关键措施。

六、投资者心理与市场响应

投资者的行为在许多情况下由其心理状态驱动，这种状态可以极大地影响市场运行和风险构成。数字人民币作为一种新兴的货币形式，其市场接受度及投资者的信心直接关系到其价值稳定性及未来的广泛采纳。

投资者心理主要受到信息可获取性、历史经验、预期管理和市场情绪等多方面因素的影响。信息的透明度和可获取性对于投资者来说至关重要，信息的不对称性往往会导致投资者做出非理性的决策。对于数字人民币而言，政府和金融机构必须确保相关政策、技术细节和运营模式的公开透明，以减少市场参与者的不确定感和疑虑，从而稳定市场预期。

此外，投资者的历史经验也会深刻影响其对新兴货币的接受度和信任程度。比如，曾经的金融危机、货币贬值等事件会在投资者心中留下深刻的印象，影响他们对于数字货币的看法和接受程度。因此，在推广数字人民币的过程中，相关机构需要通过各种方式教育公众，正确引导投资者预期，消除由历史事件引起的心理阴影。

预期管理是另一核心问题。由于数字人民币具有许多传统货币所不具备的特性，例如，更高的交易效率和跨界支付的便利性，合理的预期管理能够帮助市场参与者充分理解并适应这些新特性。这要求政府和金融机构不仅对外发布准确的信息，还要通过教育和宣传活动帮助投资者树立正确的投资理念和风险意识。

市场情绪也是一个不可小觑的因素，它往往能在短时间内引起市场的剧烈波动。数字人民币作为一个新兴的概念，其市场情绪可能会受到各种外部事件的影响，如政策变动、技术故障或其他金融市场的波动。因此，监管机构需要建立快速响应机制，及时解决可能引起市场恐慌的问题，稳定市场情绪。

七、危机应对策略

针对数字人民币可能面临的市场危机，包括技术故障、突发事件影响、金融市场波动等，我们需确立一个高效、灵活、及时的危机应对框架。

第一，建立一个全面的危机识别和评估机制。此机制的核心在于通过实时数据监控和预警系统来迅速识别可能导致危机的市场波动或异常活动。系统应能够分析数字人民币交易模式，及时发现异常交易，评估可能的风险大小，以及这些风险可能对整个金融系统或特定市场的影响。通过构建和维护一个强大的数据分析平台，可以实现对市场趋势的快速响应和对潜在危机的前瞻预测。

第二，制订详尽的危机管理计划，包括应急响应流程和责任划分。在危机管理计划中，明确指定各级管理层的职责和应急响应的主体是至关重要的。例如，谁将负责决策，谁是关键执行者，谁将负责与公众、媒体以及监管机构的沟通等。针对不同类型的市场危机，如技术故障或金融市场突发事件，应设计具体的操作流程和策略，确保在危机发生时可以迅速有效地做出反应。

第三，制定危机通信策略。在市场危机情况下，如何与投资者、用户及公众沟通，将直接影响到数字人民币系统的信誉和市场的稳定性。需要有一套明确的信息披露政策和通信流程，确保在危机发生时，所有利益相关者都能够获得准确、透明、及时的信息。同时，要预设对各种媒体和公众疑问的回应策略，以减轻市场恐慌情绪，并维护系统的整体稳定。

第四，制定内部应对策略，积极与外部机构，特别是与监管机构开展合作。建立和维护与监管机构以及其他金融机构的良好关系，可以在危机时获得更多的支持与资源。例如，通过与中国人民银行及其他金融市场参与者的协调，可以共享信息、资源以及危机处理经验，形成合力对冲可能的市场波动。

第五，复原和改进是危机管理的后续阶段，关注危机后的恢复和从事件中吸取教训。危机发生后，需要迅速评估影响，制订恢复计划并着手执行，最小化危机对经济和市场的长期影响。与此同时，应从每次危机管理的经验中寻找改进措施，包括优化技术系统、改进风险评估模型以及调整危机响应策略，从而提高对未来可能危机的防范能力和响应效率。

八、长期市场稳定性策略

探讨数字人民币的长期市场稳定性策略，需要系统分析和综合考量多个因素，包括政策调控、技术创新、法律环境以及国际合作等方面。这些方面的相互作用和平衡是确保数字货币系统长效运行的关键。

在政策调控方面，中国人民银行作为数字人民币的发行和监管主体，必须精确掌握货币政策的操作，有效进行市场干预，确保市场的流动性和稳定性。中国人民银行可以通过调整货币供应量、利率政策等方式，来应对经济波动和市场异常情况，防止过度波动和金融风险的发生。此外，中国人民银行还需要对市场进行持续监测，及时识别和应对可能的风险点，制定必要的应急措施和预案。

技术创新也是影响数字人民币长期市场稳定性的一个重要因素。随着区块链技术、数据加密技术和人工智能等先进技术的不断发展，数字人民币的技术支持框架也应跟进升级，以提高系统的安全性和可靠性。技术的持续优化能够有效降低系统运行故障的风险，增强对外部攻击的防御能力，从而保障数字人民币系统的稳定运行。

完善法律环境同样关键。国家需要制定和不断完善与数字人民币相关的法律法规，包括数字货币的发行、流通、监管、税收等方面。明确的法律指导和规范能够为市场参与者提供清晰的行为准则，减少法律风险，增强市场主体的合规性和透明度。此外，通过有效的法律手段，也可以对市场进行必要的监管，打击非法行为，保护消费者权益，从而维护市场秩序。

国际合作在数字人民币的长期稳定性中占据至关重要的地位。随着全球金融市场的深度融合，数字人民币作为新兴的国际支付和交易手段，其发展与国际市场的互动日益频繁。因此，加强与其他国家和国际金融组织的合作，共同制定国际法规和标准，可以为数字人民币的国际化提供法律和政策支持。此外，通过国际协作可以更好地应对跨境金融犯罪，共同监管国际资本流动，有效防止国际金融风险的发生。

第六章
数字人民币在金融市场的影响

第一节　对传统银行业务的影响

一、客户存款行为变化

数字人民币的推出和应用对于传统银行业务尤其是客户存款行为产生了显著的影响。作为一种新的货币形态，数字人民币在便捷性、安全性上的独特优势，促使传统的存款与支付方式发生变革，从而影响了客户的存款选择和存款模式。

传统银行依赖于实体网点为客户提供服务，包括存取款、转账和理财等；而数字人民币作为电子货币，其操作的便捷性极大地改善了用户体验。用户通过数字钱包即可实现快速存款和支付，无须前往银行网点排队等候，这种便利性显著提升了数字人民币的吸引力。随着越来越多的商家和服务提供者接受数字人民币支付，消费者在选择存款和支付方式时可能更倾向于使用数字人民币。

此外，数字人民币增强了交易的安全性。利用区块链技术，数字人民币提高了交易的透明度和可追踪性，有效减少了欺诈和盗窃的风险。这一点对于客户，特别是对于安全性有高要求的客户来说，是一个重要的吸引力。随着人们对数字人民币安全性的认知增强，更多的客户可能倾向于将资金转入数字人民币，降低传统银行账户中的存款量。

同时，数字人民币的实时清算功能，对于需要频繁进行大额交易的用户来说尤为重要。这种高效的资金移动功能，对于企业用户特别有吸引力，可能导致企业客户的存款方式向数字人民币转移，从而减少了对传统银行的依赖。

值得注意的是，数字人民币带来的存款利率政策可能会对客户存款行为产生进一步的影响。如果中国人民银行对数字人民币存款提供较高的利率或其他激励措施，那么，将直接吸引更多的存款转向数字人民币。相反，如果传统银行为了应对这种竞争而提供更高的存款利率或优惠服务，那么，也可能在一定程度上减少客户流失。

从风险管理的角度来看，数字人民币可能引导用户对存款保障有新的考量。尽管有中国人民银行提供担保，但数字货币作为一种新兴技术产品，其长期稳定性和政策调整对存款保障的影响仍有待观察。用户需要评估这种新型存款方式的潜在风险，这种不确定性可能会影响部分客户的存款行为。

二、信贷服务创新

随着数字人民币的推出和普及，传统的银行信贷业务面临着重大的变革和机遇，尤其是在服务模式、风险控制以及客户体验等方面。

数字人民币作为一种由国家发行的数字货币，其特有的法定属性与技术优势为银行业信贷服务提供了新的发展机遇。传统银行信贷业务通常涉及复杂的业务流程和较高的交易成本，而数字人民币可实现交易的即时清算与结算，显著降低交易成本，提高信贷资金的流通效率。此外，数字人民币的可追踪性加强了对信贷资金流向的监控，有助于银行更准确地评估和管理信贷风险。

利用数字人民币，银行能够实现更加精细化的信贷产品创新。例如，银行可以根据客户的实时数据分析其信用状况，并提供更为个性化的信贷方案。数字人民币的普及还可能推动小额信贷业务的发展，因为它可以降低处理小额交易的成本和复杂性，使得服务于小微企业和个人用户的信贷服务更加高效和广泛。

在信贷服务创新的过程中，数字人民币还促进了新兴技术如区块链技术在信贷服务中的应用。区块链技术的引入不仅提高了信贷交易的透明度，还优化了信贷审批和管理的流程，降低了欺诈和信贷违约的风险。此外，借助区块链技术，银行可以在确保数据安全和隐私的基础上，构建一个共享的信贷信息平台，实现信息的互通有无，进一步提高信贷服务的效率和质量。

不仅如此，数字人民币也为跨境信贷提供了新的解决方案。传统的跨境信贷业务通常存在汇率风险、资金转移效率低下等问题。数字人民币的使用可以在一定程度上避免这些问题，实现跨境信贷资金的快速流动，降低跨境交易的成本，增强客户体验。

然而，信贷服务创新也面临着诸多挑战和风险。例如，数字人民币的引入需要重新设计信贷产品和服务流程，这对现有的银行业务系统构成了挑战。同时，为了有效利用数字人民币进行信贷管理，银行需要对员工进行新的技能培训，加强对新技术的掌握和应用。此外，随着信贷服务方式的创新，银行还需要在确保交易安全、保护客户隐私和合规性等方面做出更多努力。

三、资金管理和流动性调整

　　数字人民币作为一种新兴的数字化货币形式，其即时结算和转账特性，改变了资金流转的速度和模式，这直接影响到银行对资金的管理方法和流动性的维护。

　　在传统银行系统中，资金管理通常涉及大量的跨银行和同银行的资金调拨，这些操作依赖于中央处理系统和各种清算、结算体系；而数字人民币的运用，能够实现点对点的直接转账，大大减少了对中介机构的依赖，从而提高了资金流动的效率。这一变化使得银行需要重新评估其资金管理策略，尤其是在日常流动性管理和短期资金调拨方面。银行主要面临的一个挑战是如何在新的支付体系下优化其资金配置，确保资金得到充分利用，同时减少资金转移引发的时间成本和潜在的市场风险。

　　此外，数字人民币的特性也对银行的流动性调整策略产生了重大影响。在传统模式下，银行为保持流动性，需要持有一定比例的高流动性资产，如政府债券等。而数字人民币提供了更高效的资金流转方式，银行可以更快地响应客户的提款和支付需求。这不仅改变了银行流动性"安全垫"的设置，也可能会影响中国人民银行制定的流动性规则和银行间的资金管理策略。银行需要开发新的流动性监控工具和模型，以适应数字人民币带来的这些变化，确保在任何时候都能满足客户的需求，同时维持系统的稳定性。

　　数字人民币进一步推动了金融科技的发展，使得资金管理和流动性调整更加依赖技术解决方案。例如，利用大数据和人工智能技术，银行可以实时监控资金流向和客户行为，预测市场需求，从而做出更为精确的流动性调整。这种技术驱动的方法不仅提高了决策的效率，也为银行提供了更多元化和个性化的服务方案，强化了客户关系管理。

　　考虑到数字人民币的全面推广可能带来的监管更新，银行在进行资金管理和流动性调整时，还必须密切关注法律法规的变动。随着数字人民币法律地位的明确和监管政策的完善，银行可能需要调整其合规策略，确保在新的监管环境下依然能够有效地进行资金调配和风险管理。

四、贷款定价机制的变革

随着数字人民币的广泛推广与应用，其对于金融市场尤其是传统银行业务的影响日益显著。在这种新的金融环境下，贷款定价机制作为银行业务的核心组成部分，正面临着前所未有的变革。

在传统银行业务中，贷款定价通常依赖于中国人民银行的利率政策、金融市场的供需状况以及银行的风险管理策略；而数字人民币的引入，特别是其配备的智能合约功能，为贷款固有的定价机制带来了根本性的改变。智能合约能自动执行合同条款，这意味着从贷款的发放、执行到回收过程均可实现程序化管理，极大地降低了操作成本和信用风险。

数字人民币的透明度和可追溯性，提高了资金流动的监管效率。银行可以实时获取贷款资金的使用状况，这不仅能防范贷款资金的挪用和欺诈风险，更能精准地评估还款能力，从而针对不同客户制定更为个性化和精准的利率政策。这种基于大数据分析的定价策略，相较于传统模式，能更合理地反映市场需求和客户信用状态，提升银行产品的市场竞争力。

数字人民币的推广过程中，其与国际货币的互操作性也必须纳入考量。随着全球化经济的紧密联系，跨境支付和结算需求日益增长，数字人民币在国际贷款中的应用将成为避免汇率风险和提高结算效率的重要工具。因此，银行在设定贷款利率时，也需考虑数字人民币的跨境使用效应，根据国际市场的反应，灵活调整贷款产品的定价策略。

另一个重要的影响则来自监管环境的变化。随着数字货币的法律地位日益明确，未来的贷款定价机制将不可避免地受到更多监管规范的影响。这种监管既包括对于风险控制的严格要求，也包括对于资金合规使用的检查。银行需在遵循政策的前提下，不断优化贷款产品，保证其符合监管要求的同时，也能满足市场需求。

在数字人民币贷款定价机制的变革中，银行业需要面对的挑战和机遇并存。一方面，数字货币的引入促使银行业提高自身的技术水平，改善服务效率；另一方面，银行也重新考量和设计内部的风险控制与资金管理策略，确保在新的金融环境中能保持竞争力和盈利能力。

五、银行营业模式转型

数字人民币的推出和应用对传统银行业务产生了深刻的影响，促使银行业务模式进行相应的转型。随着数字货币的特性，如安全性、便携性，以及高效的交易处理能力，逐渐被广泛认识和接受，传统银行发现自己在面对这种新兴的支付方式时，必须调整自己的服务和操作模式以适应市场的变化。

在数字人民币的影响下，传统银行的营业模式转型首先体现在服务提供方式的改变上。传统银行业务大多依赖于实体分支机构来提供服务，如现金存取、贷款审批等；而数字人民币的引入促使银行增加了电子服务渠道，顾客可以通过手机应用、在线网站等电子方式直接进行货币转账、支付等操作，这样不仅提升了用户体验，也大大减少了银行的运营成本。此外，这也促使银行优化其内部流程，如使用区块链技术来处理交易，提高交易的安全性和透明度。

数字人民币的普及使得银行必须重新考虑其收入模式。传统银行业务的利润主要来自交易费用和利差收入，但数字人民币作为一种低成本且高效率的支付手段，极大地压缩了银行在这两方面的收益空间。因此，银行开始探索新的盈利模式，如提供高附加值的咨询服务、财务规划服务等，以此来吸引和维护客户。

数字人民币带来的数据流和信息流也促使银行加强对大数据的应用和处理能力。通过分析大量的交易数据，银行能够更好地理解客户的需求和行为模式，从而提供更个性化的服务。同时，这也需要银行在技术上做出投资，如引进先进的数据分析工具和提高员工在这方面的专业技能。

随着数字人民币的推广，合规性和风险管理也成为银行需要特别关注的问题。银行必须确保自己在提供数字货币服务过程中，符合国家对于金融监管的相关要求，如反洗钱和客户身份识别规定。同时，由于数字货币的匿名性和跨境特性，银行还需要加强其风险监测和管理机制，防止可能出现的金融犯罪和操作风险。

银行的营业模式转型还体现在对外合作与战略调整上。面对数字货币的挑战，银行并非孤军奋战，而是越来越多地与科技公司进行合作，共同开发新技术、新产品。这不仅有利于银行拓宽业务领域，还能有效地缓解由于技术快速发展带来的压力。同时，银行也需通过战略调整，如精简机构设置、优化人员配置等方式，提高自身的竞争力和适应市场变化的能力。

通过以上分析，可以看到数字人民币给传统银行业务带来的深远影响及银行业务模式的必要转型。这种转型不仅是对新兴技术的适应，更是银行寻求长期可持续发展的战略需要。

六、竞争态势与市场份额重构

数字人民币增强了金融服务的便捷性，能够在一定程度上实现实时结算和24小时服务，这对于传统银行业来说是一个挑战也是一个机遇。一方面，客户可能由于数字人民币的便利性而减少对传统银行的依赖，尤其是在日常小额支付和跨境交易中，数字人民币的高效率和低成本优势可能会使得传统银行的部分业务受到冲击。另一方面，传统银行可以利用数字人民币这一新的支付工具来优化自身的业务结构，如开发新的金融产品和服务，提升客户服务体验，增强客户黏性。

此外，数字人民币对市场竞争态势的重构也是不可忽视的。随着越来越多的商业银行和非银行金融机构参与到数字人民币业务中，市场竞争将变得更加激烈。这对于传统银行而言，不仅意味着需要在新的技术和服务上进行投入，还需要在风险管理和合规性方面做出更多的努力。例如，如何在保障客户隐私和数据安全的前提下利用数字人民币进行金融创新，成为银行业需要解决的问题。

与此同时，市场份额的重构也是数字人民币可能引起的另一个显著变化。随着数字人民币的普及，小型银行和新兴金融科技公司如果能够在数字人民币的应用和服务上快速创新，可能会获得市场份额的快速增长。这对于大型传统银行而言，则可能面临市场份额被侵蚀。因此，如何在新的市场环境下保持竞争力，对于所有金融机构来说都是一个需要重视的问题。

从策略上来看，传统银行需要加大技术投入，改善数字化服务平台，以应对数字人民币给传统银行业务带来的挑战。通过提供更加个性化、便利化的服务，传统银行可以在新的竞争环境中保持自己的市场份额。此外，传统银行也需要与金融科技企业进行更多的合作，利用这些企业在数字技术和数据分析方面的优势，共同开发符合市场需求的新产品和服务。

技术和合规性也是传统银行需要重点考虑的方面。随着市场结构的变化，对于涉及数字人民币的各项金融活动，银行需要确保自己的业务操作符合国家对数字货币监管的要求。这不仅涉及传统的金融合规问题，还包括数字安全、客户信息保护等新的挑战。

七、银行业风险管理的新挑战

银行作为金融体系的重要组成部分，需要重新评估和调整其风险管理策略，以应对数字货币带来的变化。

（1）关于客户资金流动性的管理。数字人民币提高了资金转移的速度和便捷性，这可能导致客户更频繁地进行资金转移，进而影响银行的资金稳定性和流动性管理。银行需要通过精确的资金流预测，增强对短期内资金流动的监控和调控能力，确保在任何时点都能满足客户提取资金的需求，防止流动性风险的发生。

（2）数字人民币引入的匿名性问题也对银行的反洗钱及反恐融资措施提出了新的考验。尽管数字人民币采用可控匿名技术，保障个人隐私，同时也赋予了监管机构必要的追踪能力，但这仍要求银行在现有的客户身份验证流程中，加入更为复杂和严格的技术和程序措施。为此，银行需要部署更先进的技术解决方案，以有效识别和管理使用数字人民币时可能出现的非法资金流动。

（3）对现有IT系统的改造需求。数字人民币的运行依赖于高度安全和可靠的信息技术系统，这意味着银行需要对其现有的互联网技术基础设施进行大规模的升级和维护，以支持数字人民币业务的顺利进行。这不仅包括前端的用户接口改造，更包括后端的数据处理能力和安全性提升。银行必须确保系统的安全防护措施得到加强，防止数据泄露和其他网络安全风险。

（4）信用风险管理。数字人民币可能修改传统的信用评分和贷款审批流程，更多的交易数据和用户行为信息可以被实时收集和分析。这需要银行开发新的信用评估模型，以适应数字经济下的客户信用行为变化，确保信用风险控制的精准性和有效性。

（5）对策略的再定位。随着数字人民币的普及和应用，客户对于传统银行服务的依赖可能减少，这要求银行必须重新思考其服务产品和业务模式。银行需要探索如何结合数字人民币的特点，创新金融产品和服务，以维持其市场地位和竞争力。这包括开发与数字人民币兼容的支付解决方案、财富管理服务，以及通过数据挖掘提供更个性化的客户服务。

通过以上的分析可以看出，数字人民币给传统银行业务风险管理带来的新挑战是全方位的，需要银行在多个层面进行战略调整和技术升级。只有这样，银行才能有效应对这些新挑战，在新的金融生态系统中提高竞争力。

八、合规性和监管适应问题

由于数字人民币具备法定货币的属性，它的运行机制，尤其是与银行业务的互动，引发了一系列合规性和监管适应的问题，这些问题需要银行业和监管机构共同面对和解决。

在合规性方面，传统银行在引入数字人民币后，需要重新审视和适配其内部合规体系，以符合数字人民币的监管要求。例如，由于数字人民币可能会改变货币的流通方式和速度，银行需要调整其反洗钱和反恐融资策略。数字人民币的交易数据链具有不可篡改的特性，银行需要利用这一特点，完善其交易监控系统，确保交易活动的合法性和安全性。

此外，隐私保护是另一个重大的合规问题。虽然数字人民币提高了交易的透明度，但如何平衡监管需求和个人隐私权是一个需要仔细考虑的问题。银行需遵守相关隐私保护法律，建立相应的数据保护措施，同时确保能够响应监管机构在合法范围内的调查请求。

监管适应问题也是银行需要重点关注的。随着数字人民币的普及，传统的监管框架可能需要更新以包含对数字人民币交易的监督。这要求监管机构与银行业紧密合作，共同研发和推广适用于数字时代的监管技术和工具，例如，利用区块链技术进行实时监管。同时，监管政策也应当灵活调整，以适应数字货币带来的新情况和新挑战。

银行业务的国际性特点意味着在处理数字人民币问题时，还需考虑跨境合规性。数字人民币如何与其他国家的法定货币及其银行体系协同运作，是一个复杂的问题。这不仅涉及技术和操作层面上的兼容性，还涉及监管政策的国际一致性。银行需要与国内外监管机构合作，确保其跨境服务在合规框架内运作，同时避免可能的监管套利。

据此，可以看到数字人民币给传统银行业务带来了全新的挑战，特别是在合规性和监管适应方面。银行不仅要加强内部控制，确保技术的安全性和合规性，还必须与监管机构保持紧密的合作，应对持续变化的法律和监管环境。这不仅是银行单独的任务，也是整个金融生态系统共同面临的挑战。为了实现这一目标，需要依据不断更新的监管政策来调整业务策略，并采用最新的技术解决方案来达到监管要求，通过这些努力保障整个银行系统的稳健运行和健康发展。

第二节　对支付清算体系的影响

一、技术特性与支付效率提升

数字人民币采用的区块链技术和分布式账本技术，实现了交易数据的透明化、实时性和不可篡改性。由于这些技术的应用，数字人民币能够实现快速的交易确认和清算，减少了传统银行系统中耗时的手续和流程，显著提高了支付效率。

数字人民币的设计具有去中心化的特征，管理和发行则由中国人民银行控制，这样既保留了中国人民银行对货币政策的控制能力，又利用了区块链技术的优势。这种设计减少了多级对账的需要，因为所有交易都在一个统一的、由中国人民银行审核的平台上进行注册和确认。这种结构简化了监督和跨境支付处理过程，降低了交易成本，并提高了跨界支付的效率。

此外，数字人民币在设计上强调了隐私保护与监管平衡。通过使用匿名技术，在保护用户隐私的同时，依旧能够允许监管机构在必要时解密交易信息进行检查。这种设计不仅提升了用户体验，还确保了系统的合规性和安全性。

数字人民币的智能合约功能进一步增强了其在支付效率上的优势。智能合约是自动执行、控制或文档化法律事件和行动的软件程序，这使得在完成特定条件时自动执行交易成为可能。例如，在供应链金融中，一旦收到货物的确认信息，相关的支付就可以立即触发并执行，极大地缩短交易时间，降低操作风险。

数字人民币还引入了更加灵活的交易和结算时间。传统的银行系统通常仅在工作日和工作时间内处理交易和结算，数字人民币的系统则能够实现全天候、全年无休的交易处理，这对于国际交易尤为重要，可以实现不同时区间的即时支付和结算，从而极大地提升资金的使用效率。

随着技术的进步和应用，数字人民币的交易速度和安全性得到了极大的提升。采用先进的加密技术，可以有效防止黑客攻击和数据泄露，保证交易的安全性。这一点对于建立用户对商家的信任至关重要，是支付系统能够被广泛接受和使用的前提。

二、跨境支付机制的变革

数字人民币的引入不仅重塑了国内的货币流通和支付结构，还深刻影响了跨境支付机制。随着数字经济的全球化发展，跨境支付需求日益增长，传统的支付方式效率不高、成本较高等问题逐渐暴露。数字人民币的设计初衷之一就是提高支付系统的效率和安全性。此外，它还为国际贸易和资本流动提供了更加便捷、低成本的解决方案。

在传统的跨境支付体系中，多层银行间结算机制和不同国家间的货币兑换使得整个过程耗时且成本相对较高。此外，由于涉及多国的法律规定及监管问题，支付过程中往往存在不确定性和安全性问题。数字人民币的运用，借助区块链技术的特性，如分布式账本等，能大大简化这些流程，提高跨境交易的透明度与追踪能力，并可能降低银行和用户的交易成本。

数字人民币实现了交易的即时结算，对于跨境支付来说，这意味着可以大幅缩短交易时间。在数字人民币体系中，资金可以几乎实时转账至收款方的账户，无须经过传统银行系统中多个中介机构的长时间处理。这不仅提升了资金流动性，也为企业和消费者提供了更为高效的资金管理和更好的使用体验。

此外，数字人民币在提升跨境支付安全性方面也具有明显优势。利用先进的加密技术，数字人民币能够保障交易信息的安全性和隐私性。与传统的跨境支付方式相比，数字人民币减少了信息泄露和欺诈的风险，加密货币的属性使得伪造或双重支付的可能性大大降低。

数字人民币的推广还可能促使全球支付系统的互联互通。目前，中国已与多个国家和地区开展了数字货币的合作与试验，这不仅推动了数字人民币的国际化，也为全球金融体系探索了更为广泛的互操作性解决方案。通过与其他国家的数字货币系统兼容，数字人民币将能够在更大范围内简化跨境支付流程，推动全球贸易的便利化。

通过这些转变，数字人民币在跨境支付的场景下应用，将推动传统金融体系向更高效、更安全、更低成本发展；而这些变革也带来了诸多挑战和问题，例如，监管问题在不同国家间的协调、数据安全和隐私保护等方面，都需要国际合作与法规的配合和更新。

相关监管机构和政策制定者需要在确保数字人民币带来便利的同时，制定明确的法规和政策来规范和引导其在跨境支付中的应用；并且，需要加强与国际金融系统的沟通和协作，共同构建包容安全的全球数字货币环境。

三、支付数据的隐私保护与安全

支付数据的隐私保护主要是指在数字人民币的交易过程中，保护个人信息不被未授权访问、使用或泄露。这不仅包括用户的姓名、身份证号、银行账号等基本信息，还包括交易时间、交易地点、交易额、交易对象等敏感信息。这些信息的泄露有可能对用户的财务安全、个人隐私甚至生命安全构成威胁。因此，构建一个坚固的支付数据隐私保护框架是数字人民币被广泛接受的关键。

在保护支付数据的隐私方面，技术手段发挥了至关重要的作用。例如，高级加密技术的运用能有效保障交易数据的安全性，只有当事人及授权机构才能解析交易内容。此外，匿名化处理技术的应用也显得尤为重要，通过技术手段将用户的身份信息与交易信息分离，可以在确保交易透明度的同时保护用户隐私。

除了隐私保护，支付数据的安全性也不容忽视。在数字化时代，数据安全面临着多方面的威胁，包括黑客攻击、系统漏洞、操作错误等。数字人民币作为国家金融的重要组成部分，其安全性直接关系到国家金融安全和稳定。因此，建立健全风险评估及防控系统是必不可少的。此系统包括实时监控交易异常、加强系统防护措施、提升应对突发风险事件的快速响应能力等。

法律法规的完善也是保障支付数据隐私保护与安全的关键。随着技术的发展和应用场景的变化，现有的法律框架可能已不完全符合新形势的需求。因此，制定专门针对数字人民币的法律规范，明确数据保护的法律责任、界定合法与非法的数据处理行为、设立数据使用和保护的标准，对推动数字人民币的健康发展具有重要意义。

监管机构在这一过程中扮演着不可或缺的角色。国家需要通过监管机构来确保每一个环节都符合法律法规的要求，对不符合规定的行为要及时查处。同时，监管机构还需要与国际同行进行合作，共同面对和解决跨境支付中的数据保护问题，这对于国际贸易和经济的健康发展同样重要。

在应对支付数据隐私保护与安全挑战的过程中，不仅需要国家和监管机构的参与，金融机构和技术提供方也应当承担起责任。金融机构要加强内部控制和员工培训，确保所有操作都严格遵守数据保护规定；技术提供方则应不断推动技术创新，提高数据处理的安全性和效率。

公众的意识也是非常重要的一环。公众对于个人数据的敏感性和保护意识的提高可以有效减少数据泄露的风险。因此，提升公众对数字人民币支付数据隐私保护重要性的认识及其自我保护能力，是整个金融生态系统健康运行的保障。

四、对支付清算机构的竞争影响

数字人民币的实施对于支付清算体系尤其是清算机构造成了深刻影响，这种影响主要体现在竞争环境的重塑和业务模式的调整上。数字人民币作为法定数字货币，其特性和运行机制给支付清算市场带来了新的挑战和机遇。

在数字人民币体系中，中国人民银行直接对用户发行数字货币，可能削弱传统商业银行在支付清算体系中的中心地位。商业银行传统上依靠客户存款和支付交易来维持其业务和盈利模式，数字人民币的引入可能导致部分资金流直接从商业银行转向中国人民银行，这将直接影响到商业银行的负债管理和资金使用效率。因此，传统支付清算机构需要在新的市场环境下寻找新的竞争策略。

数字人民币的引入也促使支付清算机构必须升级技术设施，以适应数字货币的处理需求。这包括安全性升级、交易处理速度提升以及与数字人民币交易相关的数据处理能力增强。技术升级需要巨额的初期投资，这对于很多清算机构来说是一大财务负担，但这也是吸引新客户、维持市场地位的必要投资。

数字人民币的普及也可能改变支付清算机构之间的竞争格局。由于数字人民币保证了交易的即时性和安全性，用户可能更倾向于使用直接由中国人民银行或得到中国人民银行授权的机构发行和管理的支付工具。这对那些依靠传统电子支付方式，如信用卡和网银等第三方支付平台，构成了巨大的竞争压力。这些平台需寻求与数字人民币的服务对接，或者开发新的服务模式，以维持在市场上的竞争力。

此外，数字人民币对国内外支付清算机构的竞争也产生了影响。在跨境支付领域，数字人民币有潜力简化现有的清算和结算流程，降低交易成本和时间。这要求国内外支付清算机构不仅在技术上进行调整，还要在遵守国际法规、处理多币种交易等方面做出相应的策略调整。

五、实时监管技术的应用与挑战

实时监管技术的核心在于通过高速、高效的数据处理系统，对数字人民币的交易活动进行全面监控。这包括对交易的时效性、合法性及其背后的风险因素进行实时分析和判断。这种技术的应用使得监管机构能够在交易发生的瞬间即刻获取交易信息，及时发现并处理可能的违规行为和风险隐患，极大提升了监管的时效性和有效性。

数据的实时采集和处理是实时监管技术的基础。在这一过程中，监管机构需要建立一个高效、全面的数据采集系统，这个系统必须能够与各个支付平台和金融机构的数据库进行无缝对接，实现数据的即时共享和传输。此外，数据处理技术也需持续更新升级，以应对日益增长的数据量和更为复杂的数据类型，确保能够快速分析处理大规模数据，提取有价值的监管信息。

对于监管策略的调整，随着数字人民币交易特性和市场环境的变化，监管框架和操作模式也需要不断适应新的发展情况。监管机构需要根据实时监管技术提供的数据和分析结果，及时更新监管规则和策略，制定更为精准有效的监管措施。例如，针对数字人民币可能引发的跨境支付问题，监管机构可以根据实时获取的大量交易数据，分析其对国内金融稳定性的影响，进而及时调整相关政策以规避潜在的金融风险。

然而，实时监管技术的应用也面临诸多挑战。首要挑战是如何处理和保护巨量的个人及交易数据，在提升监管效能的同时保障用户隐私和数据安全。监管机构需要在确保数据安全的前提下进行实时监管，避免数据泄露带来风险。此外，监管技术高度依赖于先进的信息技术和算法，这就要求监管机构不断加强技术力量，提升自身的信息技术水平，以匹配实时监管的需要。

在国际层面，实时监管技术的应用还涉及跨国数据流动和国际法律法规的适应问题。不同国家对于数字货币的监管态度和法律规定各不相同，这对实施全球统一的数字人民币监管政策提出了挑战。监管机构需要与国际伙伴合作建立共识，形成有效的国际监管机制，共同应对由数字人民币带来的全球性监管挑战。

六、数字货币的普及对现有支付行为的影响

对于支付清算体系而言，数字人民币的引入优化了支付的实时性和便捷性。传统的支付清算体系往往涉及复杂的中介服务和较高时间延迟，特别是在跨境支付场景中，处理时间和手续费用常常较高。数字人民币通过其独特的设计，能够在全球范围内提供接近即时的支付解决方案，极大降低了交易成本，提升了跨境支付的效率。这种支付工具的高效性不仅吸引了个人用户的广泛使用，也使企业

能够在全球范围内更加灵活地管理资金流和供应链，从而推动经济活动更加顺畅地进行。

此外，数字人民币对支付行为的影响也表现在其对消费者支付习惯的改变上。随着智能手机和移动互联网技术的普及，电子支付已经融入人们的日常生活。数字人民币进一步通过其方便快捷的特点，改变了人们对现金的依赖，促使更多消费者转向电子支付。这种支付方式的普及还促进了小微企业和偏远地区居民的经济活动，因为数字人民币可以轻松地跨越传统银行服务的地理和时间限制。

数字人民币在提升支付安全性方面也展现出独特的优势。与传统银行账户基础的支付方式相比，数字人民币采用先进的加密技术，保障交易数据的安全，防止信息泄露和欺诈行为。这种增强的安全性不仅保护了消费者的财产安全，也为企业提供了一个更加稳固的支付环境，从而提高了整个支付系统的信任度。

然而，数字人民币的普及也带来了一系列挑战和风险，特别是在法律和监管层面。随着支付方式的变革，现有的法律框架需重新审视和调整，以适应数字货币的特性和风险管理需求。此外，监管部门需要对数字货币交易的透明度和合规性要求进行精细调整，确保支付环境的公平性和稳定性不被破坏。这不仅需要国内法律的完善，也涉及国际合作和法律协调，以处理跨境支付中可能出现的法律冲突和监管难题。

七、金融包容性的提高与挑战

金融包容性的提高意味着更多的个人和企业可以获取便捷、安全、低成本的金融服务，特别是那些传统金融体系未能充分服务的边远地区和低收入群体。数字人民币由于其独特的性质，如易于传输、无须复杂的物理基础设施，可以进行精确控制和追踪等，极大地降低了金融服务的提供门槛，促使金融机构能够更广泛地覆盖不同区域和人群。

在考量数字人民币提升金融包容性的同时，亦需面对随之而来的挑战。数字人民币的普及和使用高度依赖于数字基础设施的完善，如普遍的互联网覆盖、广泛的智能设备使用等。对于那些基础设施尚不完善的地区，数字人民币的推广可能会加剧金融服务的不平等，即技术可能导致金融鸿沟的扩大。此外，金融包容性的提高还需解决数字文盲问题，即提高公众对于数字货币使用的知识和技能，确保所有人都能够平等地享受数字人民币带来的便利。

数字人民币在提升金融包容性方面持有巨大潜力的体现是其对小微企业的支持。传统金融体系中，小微企业常因信用记录不完善、担保能力不足等原因难以获得足够的金融支持。数字人民币可以实现交易的实时记录和透明管理，降低金融机构对这些企业的信用风险评估门槛，从而更可能向它们提供贷款及其他金融服务。这不仅能够促进小微企业的发展，同时也有助于整个经济的活力激发和包容性增长。

此外，数字人民币的普及对消费者权益保护机制的构建也是一个值得关注的议题。随着金融服务逐步向数字化过渡，消费者可能面临数据安全、隐私保护等风险。因此，一方面要通过强化法律法规来确保消费者的基本权利不被侵犯；另一方面则需提高消费者对于数字金融产品的理解和鉴别能力，通过教育和培训提升公众的数字金融素养，确保他们能够在享受便利的同时，有效识别和防范潜在风险。

未来，数字人民币的持续创新和合理监管将是推动金融包容性持续增进的关键。监管机构需要在保护消费者权益和促进金融创新之间找到平衡点。随着科技的不断进步和监管政策的适时调整，数字人民币有望在全球金融体系中扮演越来越重要的角色，特别是在提升金融包容性方面，使得每个人都能享受到平等、全面的金融服务。在这一进程中，各方面的合作，包括政府部门、金融机构、科技企业以及国际组织的共同努力是不可或缺的。

第三节　对货币政策与金融市场稳定性的影响

一、货币政策的新工具与策略

数字人民币的推出和应用提供了一种新的货币政策工具，能够更精确地控制货币供应量和供应速度，这在传统货币体系中是难以实现的。这种创新性主要体现在以下几个方面。

首先，通过数字人民币实现更精准的货币调控。区别于传统的货币发行与回收机制，数字人民币可以实现点对点的资金流转，这使得中国人民银行能够实时监控货币流通速度，并根据经济运行的实际需要，调整货币供应的精度和速度。这种方式不仅提高了货币政策的响应速度，也增强了政策的针对性和有效性。

其次，数字人民币使得负利率政策的实施成为可能。在传统金融体系中，负利率政策的实施往往受到现金持有的约束，人们可以选择持有现金以避免银行存款面临负利率。然而，如果货币完全数字化，持有现金的选项将不复存在，这使得中国人民银行实施负利率政策成为可能，从而在理论上能够进一步刺激经济活动，促使市场主体增加投资和消费。

再次，数字人民币的应用有助于加强对资金流向的监管，有效打击洗钱、恐怖融资及逃税等行为。通过全面追踪数字货币的流向，监管机构可以更有效地监控和预防金融风险，提升金融市场的整体透明度和稳定性。这种监管能力的增强，是传统货币体系难以比拟的。

最后，数字人民币还提供了一种新的金融基础设施，可能促进更多创新型金融服务的出现，如基于区块链技术的智能合约。这类技术可以与数字人民币结合，产生如自动执行的保险赔付、智能财务管理工具等新兴服务，这些服务有望提高金融市场的效率并降低操作成本。

数字人民币对金融市场稳定性的影响还体现在其对金融市场结构的潜在改变上。例如，数字人民币的普及可能会改变银行的传统存款和贷款业务模式，因为人们可以直接通过中国人民银行进行资金的存取，从而影响商业银行的资金来源和运用。这要求现有金融机构必须适应新的市场环境，寻找新的业务模式和收入来源。

对于货币政策而言，数字人民币的使用有望提高政策的透明度和公众的预期管理。中国人民银行可以通过数字人民币发布更明确的货币政策信号，而且这些信号的传递和实施将更为迅速与直接。公众和市场的预期调整也将在更合理和有序的轨道上进行，从而降低市场的波动性并增强政策效果。

二、数字人民币的发行与中国人民银行货币供应控制

数字人民币的发行与中国人民银行货币供应控制体现了数字货币技术与传统货币政策之间的结合。中国人民银行在数字人民币的设计与实施过程中，充分发挥了其在宏观经济管理中的关键作用，尤其是在货币供应与流通控制方面。数字人民币作为法定货币的数字化形态，其核心是通过数字化方式进行货币的发行和流通，中国人民银行则通过精密的货币政策工具来调节经济，保持金融市场的

稳定。

数字人民币的引入并不是简单地替代现有的纸币和硬币，而是在现有货币体系中增加一个新的维度。这种新的货币形态能使中国人民银行更精准地控制货币供应总量，实时监控货币流通速度和流向，从而更有效地执行货币政策。对于货币政策的实施，数字人民币提供了一种更为直接和高效的手段，尤其是在应对经济下行压力、控制通货膨胀或者实现其他宏观经济目标时。

在数字人民币的发行方面，中国人民银行采用了双层运营体系，即中国人民银行首先向商业银行等机构发行数字人民币，然后由这些机构向公众发行。这种模式不仅维持了现行的货币发行体系的稳定性，也增强了金融机构在新的货币体系中的作用。通过这种双层体系，中国人民银行能够更有效地管理并控制数字货币的整体供应，防止过度泛滥可能导致的金融风险。

此外，数字人民币的运用在提升货币政策的传导效率方面也显示出独特优势。传统的货币政策通过调整政策利率、操作市场利率等手段间接影响经济，而数字人民币使得货币政策能够直接影响经济的各个方面。比如，通过调整数字人民币的利率、使用数字钱包设定不同的利率政策，中国人民银行可以更精确地控制货币供应的速度和规模，及其在不同经济部门中的流向。

数字人民币的引入同样拓展了金融监管的边界和深度。传统的货币流通难以进行实时监控，而数字人民币可以实现交易的即时记录和追踪，极大地增强反洗钱、反恐融资的监管能力。这种监管的提升，不仅对国内金融市场稳定性构成正面影响，也会提高全球合作与信任水平。

在金融市场稳定性方面，数字人民币通过提供更为稳定的货币供应机制，减少了货币供应不当引发的市场波动。同时，由于数字人民币可以精确控制货币的流通和分配，有助于防止资金过度集中，降低系统性风险。一旦发生金融危机或市场动荡，中国人民银行就可以迅速采取行动，利用数字货币快速有效地进行市场干预，从而稳定金融市场，保护投资者和消费者的利益。

三、利率调控机制的变革

数字人民币的引入及其在监管机制中的实现不仅代表了货币形态的进步，也带来了利率调控机制的重大变革。传统的货币政策运作，主要依赖中国人民银行通过控制基础货币供应量来影响市场利率，进而调节经济活动；而数字人民币的出现使得这种调控方式可以更精细化地操作，实现更为直接和快速的影响。

数字人民币基于区块链技术的属性，能够实现交易的透明性与数据的不可篡改，提高了监管的效率与效果。这种结构调整带来了对利率政策实施方式的更新。例如，中国人民银行可以通过调整数字人民币的供应量来更精准地控制货币供应，不必完全依赖于传统银行系统来传递利率政策。此外，数字人民币系统内置的智能合约功能可以实现政策自动执行，如自动调整利率水平，以更动态地响应经济变化。

利率调控机制的变革在数字人民币系统中尤为明显。传统上，中国人民银行通过调节存款准备金率、再贷款率等工具来影响银行信贷行为及市场利率。而在数字人民币体系下，中国人民银行可以直接通过算法调整货币的流通速度和量，以精细控制经济通胀或通缩状况。这种方法不仅提升了政策反应速度，也减少了经济运行中的信息不对称问题。

进一步分析，数字人民币对金融市场稳定性的影响体现在其能够为中国人民银行提供更丰富的货币政策工具。在面对经济下行压力时，传统的货币政策工具可能因为零利率下限的存在而受限，数字人民币则可实行负利率政策，直接影响群众的消费与储蓄决策，从而更有效地刺激经济。此外，数字人民币能够实现区域性或者目标性的货币政策执行，比如在需要刺激的地区增加数字货币供应，而在过热的市场上收紧货币政策。

而对于金融市场本身，数字人民币引入也可能带来一定的竞争和冲击。传统银行和其他金融机构需要适应新的货币形态，修改原有的业务结构和服务方式，以适配中国人民银行的数字货币政策。例如，它们可能需要投资技术的升级，以处理与数字人民币相关的业务，如数字钱包的维护和安全保护。同时，这一转变也可能引发金融市场对现有金融产品和服务的重评，从而影响金融资产配置、投资结构乃至整个金融市场的稳定性。

通过上述分析，可以看到数字人民币不仅改变了货币的形态，更重塑了利率调控机制及其对经济和金融市场的作用方式。这些变革为未来的货币政策提供了更为广阔的空间和工具，也对金融机构及市场参与者提出了新的挑战和要求。因此，监管机构和政策制定者需要深入理解这些变革，精确调整监管框架和政策工具，以保障经济和金融市场的稳定性与健康发展，同时也为全球其他国家提供了关于数字货币法律监管与合规发展的参考和借鉴。

四、数字人民币对市场流动性的影响

市场流动性通常指的是资产能在没有影响其价格的情况下快速转换为等价金额现金的能力。数字人民币的引入，作为电子支付的一种形式，对改善市场流动性具有重要意义。

数字人民币提高了支付系统的效率，有助于加快交易速度、减少交易成本。在传统的货币体系中，转账、清算等环节需要较长的处理时间，而数字人民币的交易可以实现几乎即时的清算和结算，显著提高资金的流动速度。这种高效率的资金流通能够使得资产更快地被买卖，增加市场的流动性，有利于金融市场的健康运行。

数字人民币的使用能够降低交易的门槛。传统的金融交易往往需要复杂的身份验证和记录过程，而基于数字人民币的交易可以通过数字身份验证，使得更多的消费者和企业能够轻松进入市场。这不仅使个体和小企业得以更快捷地参与金融活动，也为金融行业带来更广阔的市场空间，进而提升市场整体的流动性。

数字人民币还具备跨境支付的潜能，这对于市场流动性的影响尤为显著。在全球化经济体系中，跨境支付和资金转移常常伴随高昂的交易费用和不确定的处理时间，而数字人民币可以实现快速、低成本的跨境交易。数字人民币通过简化跨境支付流程，显著降低交易成本，有助于提升全球资金的流动性，加强各国金融市场的互联互通。

数字人民币的普遍使用还可能改变银行和金融机构在市场中扮演的角色。作为由中国人民银行直接发行的货币，数字人民币可以使得中国人民银行更直接地影响市场流动性，例如，通过调整数字货币的供给量来管理流动性。此外，数字人民币的引入也能够增强金融监管的能力，对于防范金融风险、维护市场稳定性具有积极意义。

然而，数字人民币也给市场流动性带来了一些挑战。例如，它可能影响传统银行的存款基础，人们可能将传统存款转为数字货币，从而影响银行的资金来源和贷款能力。此外，数字人民币的交易记录容易被追踪，这在一定程度上可能影响个人隐私和数据安全，进而影响消费者对使用数字货币的信心。

为应对这些挑战，监管机构需要建立健全法律和监管框架来确保数字人民币的安全运用，并维护市场的整体流动性。这包括加强对数字货币交易的监管，确保交易安全和透明，以及通过立法保护消费者的隐私权利和数据安全。

五、金融市场监管与透明度提升

在数字人民币的运用中，监管技术的发展可以为金融市场带来更高的透明度。通过区块链等技术，交易的可追踪性和不可篡改性得到了极大的加强，这为防范和查处金融犯罪活动、减少市场欺诈行为提供了强有力的技术支持。例如，通过实时的数据记录和共享，监管机构可以更快速准确地获取交易数据，及时发现异常交易模式，从而在风险形成初期就采取干预措施，有效地维护市场的公正并提高了交易效率。

数字人民币的引入还可能推动现有法律和监管框架的优化。传统的金融监管经常面临数据获取滞后或不全面的问题，而数字人民币系统的实时数据处理和传输能力，提供了更为全面和深入的市场监控手段。监管机构可以利用这一优势，重新审视并调整监管政策和方法，使其更加适应数字经济时代的需求。例如，可以通过设立更为严格的数据管理和分析标准，来确保数据的完整性和安全性，从而提升整个金融系统的透明度和稳定性。

数字人民币的运行机制也为增强消费者保护措施提供了新的可能。在数字人民币框架下，消费者的交易记录更加清晰，资金流向更易于追踪，这有助于增强消费者信心，减少交易双方在金融服务中的信息不对称问题。金融机构可以利用这一特点，设计出更透明、更安全的服务产品，加强消费者权益保护，促进整个金融市场的健康发展。

同时，金融市场监管的国际化也是不可避免的趋势。数字人民币的跨境支付功能，使得货币政策的影响和监管覆盖范围跨越国界，这对国际金融监管合作提出了新的要求。国际需要加强法律法规的协调，共同构建跨国监管信息共享机制，以适应数字货币带来的全球化金融服务和市场流动性变化。通过国际合作加强对跨境金融活动的监管，不仅可以有效抑制国际金融犯罪，也能够促进全球金融市场的稳定和发展。

为了实现上述目标，金融监管部门与技术研发部门需要进行深入的合作，共同探索和实验数字人民币的适用场景和监管工具。监管框架的更新和技术的应用应该同步进行，以确保监管工具既能满足效率的需求，也符合安全和合规性的标准。通过这样的双向努力，可以最大化数字人民币在提升金融市场监管的有效性和透明度方面的潜力，为市场参与者创造一个更加公平、透明、稳定的交易环境。

六、对外汇管制与国际金融合作的影响

对于外汇管制而言，数字人民币的使用可能对现有的外汇管理制度产生挑战。传统的外汇管制主要是通过控制货币的跨境流动和汇率的稳定来实现的；而数字人民币作为一种电子形式的货币，其跨境转移相对更加便捷和隐秘，这可能会使得国家对资本流动和外汇供应的管理更加复杂。例如，个人和企业可能会通过数字钱包直接进行跨境支付和转账，绕过传统的银行系统和外汇监管，这不仅影响了国家的外汇储备管理，也增加了资本流动带来的经济和金融风险。

数字人民币在国际金融合作上也存在重要影响。随着数字人民币在国际贸易和投资中的使用增加，它可能会改变传统的国际支付结算方式。现有的国际支付系统多以美元为主导，数字人民币的广泛应用可能促使更多的双边和多边贸易协议支持使用数字人民币进行结算，从而减少对美元的依赖。这种变化不仅能够增强中国在国际经济中的话语权，也可能推动全球货币多元化的进程。

数字人民币的国际化也对国际金融市场的稳定提出了新的要求。随着货币的数字化，信息的透明度和实时性大幅提高，这对于监管机构而言是一把双刃剑。一方面，更高的透明度和更快的交易速度有助于提升市场效率，对冲部分国际金融危机的风险；另一方面，迅速的资本流动和跨境交易也可能导致金融市场波动加剧，特别是在一些小型开放经济体中，其金融市场可能因此面临更大的外部冲击。

为了应对这些挑战，需要在国际层面上加强合作，构建相应的国际监管框架。这包括完善跨境金融监管机制，确保数字人民币的国际流通不会造成经济金融秩序的混乱。此外，也需要在全球范围内推广数字金融的技术标准和法律法规的协调，以避免规则不一导致市场分割和监管套利。

七、应对金融危机的新策略

数字人民币作为中国人民银行发行的法定数字货币，其引入和运用对传统金融市场产生了深远的影响，尤其在应对金融危机方面展示了其独特的价值和潜能。数字人民币的运作机制提供了更为高效和直接的货币政策工具，能够在金融动荡时期，通过精准的货币投放和回收，有效地维护金融市场的稳定性与秩序。

在数字人民币的运用中，中国人民银行可利用其技术特性，如可编程性，实现货币政策的精确执行。通过编程设置，可以确保货币发放到最需要的部门或个体手中。例如，在经济下行压力加大时，直接为受影响较大的行业或低收入群体

提供金融支持，从而缓解经济萎缩的压力。这种直接的金融援助方式，不仅提高了政策响应的速度，还降低了传统金融中介机构在资金分配过程中可能出现的延误和成本。

数字人民币的透明度和可追溯性能够帮助监管机构更好地监控资金流向和使用情况，从而有效预防和打击经济犯罪，如洗钱和欺诈行为。在金融危机时期，这一特点尤为重要，它可以帮助政府及时发现金融市场中的异常波动和潜在风险点，采取针对性措施，防止危机扩散。

数字人民币还能够作为一种有效的宏观调控工具，应对金融市场的过热或资金过剩问题。例如，在市场出现资金过剩，泡沫经济风险增大时，中国人民银行可以通过数字人民币回收多余的流动性资金，避免资产价格的无序膨胀，维护经济大局的稳定。与此同时，中国人民银行也可以通过调整数字人民币的流通速度和量来影响货币的实际使用效率，进而调控经济活动的热度。

在全球金融环境连续动荡的当下，数字人民币提供了一种新的解决方案，使货币政策的跨境协调变得更加可行。随着数字人民币的国际化步伐加快，其在全球范围内的流通和接受度将增强，这不仅可以为国际贸易和投资提供更多便利和安全保障，也促进了全球金融市场的整体稳定。中国人民银行可通过与其他国家的金融监管机构合作，共同利用数字货币的技术优势，加强宏观经济政策的协调与执行，有效预防和应对可能的国际金融危机。

通过深化数字人民币的法律与监管框架，持续推动技术创新和政策完善，可以为数字人民币在应对未来金融危机中发挥更大作用奠定坚实的基础。这包括确保数字人民币的法律地位，加强与国际法律规范的衔接，以及提升系统的安全性和稳定性等，这些都是确保数字人民币能在危机时期发挥关键作用的重要措施。

八、金融科技创新与市场稳定性的长期影响

金融科技创新在提高市场功能和服务效率方面起到了举足轻重的作用，然而其对金融市场稳定性的长期影响是一个复杂且多维的问题。金融科技，包括区块链、大数据、人工智能等技术的应用，已经深刻改变了金融市场的运作方式，而数字人民币作为这一变革中的关键因素之一，特别值得关注。

在探讨金融科技对市场稳定性的影响时，不可忽视的是这些技术提高了金融服务的普及度和可接触性。例如，数字人民币促进了金融服务的数字化和普及，特别是在偏远和未银行化的地区，极大地提升了金融包容性。然而，金融服务在

普及的同时也引入了新的风险因素，这些因素可能会对金融市场的长期稳定性造成影响。例如，随着交易和金融活动的电子化、实时化，金融市场的波动性可能会增加，对市场监管和风险管理提出了更高要求。

金融科技通过提供更多的数据分析工具，帮助金融机构更好地理解市场动态和客户需求，从而促使产品和服务创新。这种创新能够提供更符合市场需求的金融产品，增强金融机构的竞争力。然而，新金融产品和服务的快速发展也可能会对现有的金融市场结构和监管框架产生挑战，尤其是在确保这些新兴服务符合合规性和风险控制标准方面。因此，监管机构需要不断更新和调整监管策略，以适应金融科技的快速发展和变化。

金融科技还改变了金融市场的参与者结构。在金融市场中，除银行和保险公司外，非金融企业（如科技巨头）也开始涉足金融服务领域，通过平台提供支付、借贷等服务。这种现象虽然增加了市场的活力，提高了效率，但也引入了新的系统性风险，尤其是当这些参与者成为市场的重要部分时，其内部存在的风险管理和合规措施不足，可能会引发市场波动。

金融科技的发展也提升了跨境支付和交易的便捷性，这对于全球金融市场的互联互通有着积极的推动作用。然而，这也对国际金融监管提出了更高的要求。例如，如何加强跨境监管合作、防止洗钱和恐怖融资等问题，成为监管机构需要关注的重点。在这个背景下，数字人民币的国际化应用将可能面对更多的外部挑战和复杂的国际法律环境。

为了应对这些挑战并利用金融科技的优势，提高金融市场的长期稳定性，需要各方面的共同努力。监管框架必须与时俱进，同时金融机构自身也需加强内部控制和风险管理。公众和消费者的金融素养提升同样重要，这有助于他们更好地理解和使用新兴的金融科技产品和服务。只有这样，金融科技的长期影响才能朝着积极的方向发展，真正实现其在提高市场效率和促进经济发展方面的潜力。

第七章
数字人民币的国际法律监管合作

第一节　国际监管合作的重要性与挑战

一、全球化背景下的合作需求

在全球化的浪潮中，数字货币，尤其是数字人民币的国际合作需求日益增加。与传统货币运行机制不同，数字人民币作为国家主权货币的数字化形态，涉及更为复杂的技术支持和监管体系，这使得在国际金融系统中的互操作性和法规适应成为迫切需要解决的问题。国家之间在货币政策、经济安全和技术标准等方面的差异，进一步凸显了合作的必要性与挑战。

数字人民币作为一种全新的支付工具，其法律地位的国际认可是推动其跨境使用的基础。由于不同国家对于数字货币的监管态度与法规极为不一，从严格限制到完全开放的政策不等，这给数字人民币的国际合作带来了一定的障碍。例如，一些国家可能因为担心其国家货币政策的独立性和金融安全，对外来的数字货币持保留或拒绝态度。

反洗钱和反恐融资是国际金融活动中必须严格遵守的两大法律要求。数字人民币的匿名性和跨境流动性可能会增加监管的难度。因此，如何在保障用户隐私的同时，加强跨国监管合作，共同打击违法金融活动，是一个重要议题。这不仅要求各国加强法律体系的完善，还需要构建有效的信息共享机制，确保各国监管机构可以在合法的前提下，进行有效的数据交换和监控。

技术标准和系统互操作性也是推动数字人民币国际合作中的一个关键因素。

由于技术实现方式可能因国家而异，缺乏统一的技术规范和接口标准会大大降低系统之间的互操作性，限制数字人民币在国际贸易和投资中的应用。因此，建立国际统一的技术标准，确保不同国家的数字货币系统能够安全、高效地互联互通，是促进国际监管合作的必要步骤。

在全球经济一体化的背景下，跨境支付需求的增加也推动了数字人民币在国际贸易中的应用潜力。数字人民币可以提高交易效率，降低交易成本，这对于广大的出口导向型企业尤为重要。然而，这也要求国际社会对数字人民币的法律地位、汇率机制等有着充分的认知和共识，才能将其广泛应用于国际贸易和投资活动中。

二、技术发展对传统监管的挑战

数字货币的迅猛发展为国际金融市场带来了前所未有的变革。这种变革不仅在于货币本身的数字化，还在于它对整个金融监管体系的挑战。现有的国际金融监管框架是基于传统货币体系建立的，而数字人民币的出现使得这一体系面临需要迅速适应新技术的压力。

技术发展对传统监管的挑战主要表现在监管技术落后、跨境支付的监管难度增加，以及监管机构间的协调与合作变得更加复杂等。为了应对这些挑战，监管机构必须调整策略、更新技术，并改进国际合作机制。

在技术方面，数字人民币的核心技术——区块链和分布式账本技术，提供了交易的透明度和安全性。然而，这两项技术的特性也使得传统的监管手段难以适用。例如，分布式账本技术的匿名性和去中心化特征，加大了追踪交易主体和审计的难度。此外，数字货币可以在全球范围内迅速流动，给防止洗钱和资金流向追踪带来更大的挑战。

跨境支付的监管难度体现在数字货币可以轻松跨越国界，而传统的监管框架大多是国家级别的，缺乏有效的国际协调机制。数字人民币在跨境使用时，可能触及多国法律与监管规定，如何在保障合规的同时简化操作，是国际监管合作需要解决的问题。此外，为了监管国际数字人民币交易，各国监管机构之间需要有更高效的信息共享系统和联合监管机制，而这需要构建一套全新的国际合作框架。

为了应对上述问题，各国监管机构与国际组织正在探索更符合数字时代需求的监管模式。例如，通过引入更多的技术手段进行实时监控、利用大数据分析预测可能的市场风险，以及增强机器学习在监管中的应用等。此外，全球范围内监管机构正通过各种国际论坛和协议加强合作，如国际支付银行、国际货币基金组织等，共同讨论与制定跨境数字货币交易的监管标准。

然而，在这一进程中，也面临着监管哲学和方法的差异，以及对各国主权和监管权威的考量。各国在数字人民币接受度、技术准备和监管偏好上有所不同，如何在尊重各国法律和文化的前提下实现真正的国际监管合作同样需要智慧和耐心。

通过以上分析可见，技术发展给传统监管带来的挑战是多方面的，包括技术上的适应、法律与合规的更新以及国际合作的深化。面向未来，国际社会需在保持开放态度的同时，加强对数字货币尤其是数字人民币的研究与探索，以建立一个更加安全、高效和公正的全球金融体系。此外，更加密切的国际合作和对话将是适应数字货币时代监管需要的关键。这不仅是对技术创新的响应，也是全球金融市场秩序和法律规范演进的必然选择。

三、不同法域监管体系的差异

法律体系的差异是造成国际监管难度高的首要因素。不同国家的法律体系可以大致分为大陆法系、英美法系、伊斯兰法系和习惯法系等。各法系有其独特的法律来源、构成和解释方式，这在金融监管领域尤其明显。例如，大陆法系国家通常依靠详尽的法规来进行监管，英美法系国家则更多依赖于案例法和判例来指导实际操作，这导致了监管实施的方式和重点不同。在数字人民币这样的新兴金融资产中，这种差异可能导致对同一金融行为的解读和处理存在很大分歧。

监管理念的不同也是分化的一大原因。不同国家对金融监管的基本理念有所不同，比如一些国家强调风险预防，优先考虑金融系统的稳定和安全，其他国家则可能更注重创新和金融服务的普及。这些不同的监管目标直接影响着监管政策的制定和执行。例如，关于数字货币，一些国家可能重视其带来的金融创新和便利性，另一些国家则可能更关注其可能引发的金融风险和犯罪活动。因此，在国际合作中如何平衡这些不同的监管理念，是一个复杂且敏感的问题。

执行标准的异同进一步复杂化了国际监管的环境。即便在统一某一监管原则的情况下，不同国家和地区在制定具体执行标准时也可能会有差异。如何确保这些标准的一致性或相互兼容，是实现有效国际监管合作的关键。

合作模式的不同进一步加剧了监管合作的复杂性。不同的国际机构、地区组织和双边协议框架提供了多样化的合作方式，但也带来了协调上的挑战。在数字人民币的国际法律监管合作中，如何选择有效的合作模式并解决因此产生的权利与义务的分配问题，是确保监管合作顺畅进行的关键。例如，国际货币基金组织、世界银行等国际机构可能在提供政策建议和技术支持方面发挥作用，而区域性组织〔如亚洲基础设施投资银行（AIIB）〕可能在促进区域内的监管一致性方面有其独特优势。

四、信息安全与数据保护的问题

数字人民币在设计与实施过程中，需对敏感数据进行加密存储和传输，确保数据在整个生命周期中的安全。这包括使用先进的加密技术来防止数据被未授权访问或窃取。例如，采用区块链技术提供的非对称加密和分布式账本能够极大提高交易数据的安全性和透明度。

然而，即便采用了高级的技术手段，数字人民币系统仍面临着来自网络攻击的威胁，包括黑客攻击、病毒侵害等。这些攻击不仅可能导致重大的经济损失，还可能损害公众对数字货币系统的信任。因此，构建一个全方位的网络安全防护体系是监管机构和数字人民币运营机构必须考虑的重点。这包括定期的安全审计、数据访问控制、入侵检测系统和安全意识培训等。

除了技术层面的防护之外，数据保护法规的制定和执行也是维护数字人民币信息安全不可或缺的部分。各国监管机构需制定清晰的数据保护法规，定义数据的合法收集、处理和传输过程，确保个人数据不被滥用。同时，监管机构需要与数字货币的发行和运营方合作，建立起标准化的法律框架，来监管这些活动。

数字人民币的国际化应用还带来了跨境数据流通和监管的问题。不同国家在数据保护方面的法律和标准差异较大，这对于在全球范围内推广数字人民币构成了一定的阻碍。因此，国际合作成为确保国际交易中数据保护合规性的关键。国际监管机构需要合作，制定共通的数据保护标准和监管策略，以适应数字货币的全球流通。

此外，应对紧急情况的能力也是信息安全管理的重要部分。监管机构和数字货币运营机构应建立快速反应机制，以应对可能的数据泄露或其他安全事故。这包括制定详细的应急预案、建立数据泄露通报体系以及进行定期的危机演练，确保在事件突发时能迅速有效地采取措施，最小化损失。

五、国际支付系统的法律风险

在全球化与数字化浪潮下，国际支付系统呈现日益复杂多变的特点，其中涉及的法律风险尤为突出。这些风险主要包括跨境法律和监管的冲突、不同国家间的法律适用性问题以及跨境数据传输的合规性风险。数字人民币作为一个新兴的国际支付手段，更加剧了这些风险的复杂性。

在跨境支付中，不同国家间的法律监管差异是一个不可忽视的问题。例如，各国在反洗钱和反恐融资标准方面的要求不一，导致在实施跨境支付时可能会面临合规困境。数字人民币的运营主体可能必须同时满足我国的监管要求以及交易方国家的相关法律，这在实际操作中可能会引发监管冲突。

数据保护也是国际支付系统需面临的关键法律风险之一。很多国家对个人数据的跨境转移有严格的制约，如欧盟的《通用数据保护条例》对数据的传输做出了严格的规定，涉及全球范围内的数据保护问题。数字人民币在国际交易中的使用，必须确保涉及交易方的数据传输符合所有相关国家的数据保护法律要求，否则可能会面临法律诉讼或罚款。

国际支付系统的法律风险还涉及了解支付系统参与各方的法律责任。在跨境交易中，支付失败或错误转账等问题的责任归属往往难以明确，这对参与方的法律责任界定提出了挑战。数字人民币若要在国际范围内推广使用，必须澄清各种可能的风险责任，确保各方的权益得到充分保护。

针对这些法律风险，国际合作显得尤为重要。通过建立国际支付法律风险的协调机制，可以有效地处理监管差异和法律适用的问题。此种合作可以通过设立共同的法律框架、协调监管标准等方式进行。例如，国际货币基金组织和世界银行等国际机构可以扮演协调者的角色，推动不同国家间就支付系统监管的标准和法规达成共识。

数字人民币的国际推广以及与其他国家货币的互操作性研究必须包括法律风险的评估。通过深入分析比较不同国家的支付系统法律风险处理机制，能够为改进数字人民币的国际支付体系提供参考。国际合法性的研究和国际监管机构的指导对于确保数字人民币的国际支付合规性具有决定性作用。

六、反洗钱与反恐融资的国际合作难题

随着数字人民币的使用范围和交易量的日益增大，其在国际法律监管合作方面的重要性与挑战显得格外突出，特别是在反洗钱与反恐融资的领域。

数字人民币作为法定货币的电子形式，其特有的匿名性和跨境流动性为洗钱和资助恐怖活动提供了新的途径。这就要求国际社会在防制洗钱和恐怖融资方面进行更紧密的合作和协调。然而，许多国家和地区在监管体系、法律法规、技术手段等方面存在差异，这给国际合作带来了不少困难。

反洗钱与反恐融资涉及广泛的监管框架和合作机制。国际上，如金融行动特别工作组等机构制定了一系列标准和建议，要求各国加强监管体制，提升透明度，严控金融机构的客户身份识别和资金追踪流程。对于数字人民币而言，这意味着需要制定符合国际标准的监管政策，并与全球反洗钱与反恐融资的法律法规接轨。

在技术层面，尽管数字人民币设计了一定的匿名保护功能，但完全的匿名性会给反洗钱和反恐融资监管带来极大挑战。国际合作中需要共同研究如何在保障个人隐私的同时，通过技术手段有效地监测和防范非法资金的流动。这包括如何利用区块链技术记录和追踪每一笔交易的信息，确保交易透明度的同时阻断非法资金链的形成。

跨境支付是数字人民币一个重要的功能，也是国际反洗钱与反恐融资合作的难点之一。如何建立一套有效的跨境支付监管机制，如何监控和审查国际交易中可能出现的洗钱行为，都需要各国监管机构之间建立更紧密的合作和数据共享机制。

法律合作也是推进反洗钱与反恐融资国际合作的关键。由于各国法律体系和执行力度的差异，制定一套被国际社会普遍接受并能有效实施的数字货币监管法律框架是一大挑战。此外，针对数字货币洗钱行为的司法裁决和法律责任认定，需要国际司法协作和法律援助。

七、国际政治经济关系对监管合作的影响

在全球化经济体系中，各国的政治和经济利益交织在一起，使得在实施数字货币法律监管时不可避免地受到国际政治经济格局的影响。

数字人民币作为我国的官方数字货币，其跨境应用和国际监管合作的需求与日俱增。国际政治经济关系中的合作与竞争，尤其是主要国家之间的经济政策、贸易关系和地缘政治状况，都直接影响着数字人民币的国际化进程及其监管合作的实质内容。例如，中美作为世界两大经济体，它们在贸易政策、技术出口控制以及国际货币政策等方面的博弈和合作，都可能影响双方在数字货币领域的监管

策略和立法动向。

数字人民币的国际化还涉及诸多敏感的国际政治问题，如主权问题、监管权的争议等。某一国推广其国家数字货币的同时，可能会引发其他国家对其货币主权的担忧，这种担忧反过来也会影响监管合作的氛围和深度。因此，形成一个有效的国际监管合作机制，需要在充分尊重各国主权的前提下，通过外交渠道加强沟通，寻求政治互信和政策协调。

在风险管理方面，国际政治经济的波动给数字货币监管合作带来的风险不容忽视。政治经济的不稳定性可能导致合作国之间的信任缺失，影响信息共享和监管数据的透明度，最终影响整个国际监管合作的效果。如何在复杂的国际政治经济环境中维护监管合作的稳定性，是监管机构需要面对的又一个重大挑战。

第二节　国际监管合作机制的构建与实践

一、全球金融监管机构的角色与互动

随着数字人民币的发展，全球金融监管机构在数字货币领域的角色与互动变得日益重要。不同国家和地区的金融监管机构需要应对数字人民币带来的新挑战和机遇，特别是在跨境支付、反洗钱、资金安全和消费者保护等方面。这些挑战不仅涉及技术层面，更触及法律和政策层面，需要国际监管机构之间强化合作和互动来共同应对。

金融行为监管局（FCA）、美国证券交易委员会、中国人民银行等主要金融监管机构已经开始探索在数字货币监管领域的合作。例如，这些机构通过参与国际金融监管论坛，如国际货币基金组织和世界银行的会议，共同讨论并制定关于数字货币的监管政策和标准。这类国际论坛提供了一个平台，让各国监管机构可以交流经验，学习最佳实践，并在必要时形成统一的行动方案。

具体到数字人民币的监管，其跨境支付功能尤为关注。由于数字人民币在设计之初就考虑了国际交易的便利性，可能会影响全球支付系统的稳定性和安全

性。这就要求全球金融监管机构加强合作，确保跨境支付的监管措施既能促进支付便捷性，又能防范潜在的金融风险。这种合作包括了共同开发技术标准和监管框架，以及在反洗钱和资金追踪方面的协同工作。

随着数字货币的普及，全球金融监管机构间的信息共享与合作变得尤为重要。例如，通过建立一套有效的信息共享机制，可以更有效地打击跨境经济犯罪，更准确地监管和分析全球资金流动。信息共享不仅包括监管数据，还包括技术发展和实施过程中的诸多细节，这有助于各国监管机构理解不同市场中的实际操作和潜在风险。

在互动方面，全球金融监管机构可以定期组织工作会议和研讨会，讨论相关的监管技术创新和政策调整。通过这些互动，监管机构不仅可以共享知识和经验，还可以在必要时制定联合应对措施，解决全球性的监管难题。例如，对于数字货币的监管，可能需要监管机构共同设计国际通用的监管规则，以应对数字货币可能带来的全球性风险和挑战。

二、标准设定和政策制定流程

在多边框架之下，各国监管机构需要协调一致，制定共同的标准和政策，以应对数字货币带来的全球性挑战。这一过程不仅包括复杂的技术问题，还包括广泛的政治、经济与法律考量。

为了构建有效的国际监管合作机制，各国监管机构首先需建立一个共识，明确数字人民币运作的法律地位以及监管的主要目标。这通常通过国际会议、磋商和合作组织来实现。例如，国际清算银行、国际货币基金组织以及世界银行等均可能在此过程中发挥桥梁作用，为不同国家之间提供对话与合作的平台。

在标准设定方面，重点通常会放在交易安全性、系统可靠性、用户隐私保护以及反洗钱和反恐融资等方面。这些标准不仅需要在技术上行得通，还必须考虑到各国的法律体系和市场实际情况。因此，国际监管机构通常会组织专家小组进行深入研究，制定初步的框架方案。

在政策制定流程中，各国监管机构通常需要通过议会或其他立法机构批准相关政策和规定。这一阶段，公众意见和行业反馈是非常关键的环节。因涉及的法律和监管结构可能导致重大的行业影响，开放讨论和利益相关者的广泛参与显得尤为重要。此外，考虑到数字人民币的边际效应和潜在的国际影响，跨国立法的调和亦是政策制定的一大挑战。

在标准和政策制定后，监管实践的另一个重要方面即为执行力的确保。这通常依赖于各国监管机构的监督能力以及国际的监管合作。例如，通过共享监管数据、开展联合监管行动等方式，可以增强政策执行的有效性。

值得注意的是，国际监管合作的构建不是一朝一夕的事情。随着数字人民币及其他数字货币技术的持续发展，标准设定和政策制定流程也将不断地调整和更新。这需要监管机构保持高度的灵活性和前瞻性，以适应快速变化的数字金融环境。

在未来的发展中，随着更多国家和地区对数字货币表示出浓厚的兴趣与参与意愿，标准设定和政策制定的国际合作将出现新的挑战和机遇。合作机制将需要进一步强化，以消除监管漏洞，促进全球金融稳定增长。同时，随着技术的不断进步和应用范围的拓展，相关的法律和规范也需不断地迎合新的市场和技术实际。

三、跨境数据共享与隐私保护

跨境数据共享在促进国际金融合作与监管效率方面发挥着无可替代的作用。通过实现数据的实时共享，国家监管机构能够快速获取关键信息、有效监控国际资金流动和防范金融风险。然而，这种共享机制也引发了一系列隐私保护的问题。个人数据的敏感性要求各国在进行数据共享时须严格遵守各自的隐私保护法规，而这些法规在不同国家之间存在较大差异。

例如，欧盟的《通用数据保护条例》对数据主体的权利提供了极为严格的保护，对于非欧盟国家的实体，如果需要访问或处理涉及欧盟公民的数据时，则要求它们必须具有等同的保护标准。对于数字人民币的国际应用而言，如何构建一种既能满足国内法律要求，又能适应国际规范的数据处理和共享体系，是一个复杂且紧迫的问题。

在跨境数据共享的实践中，国际法律监管合作的构建显得尤为重要。这不仅需要国际的政策协调，更需要在技术层面上建立可靠的数据传输与加密标准，以确保数据在传输过程中的安全和在接收后的合规使用。区块链技术因其去中心化和不可篡改的特性，为解决这一问题提供了可能的技术路径。通过区块链，可以在保证数据真实性和透明性的同时，限制对数据内容的访问，从而保护个体的隐私。

此外，构建国际监管合作还需要可靠的法律基础。国际条约和双边协议可以在这里发挥关键作用，特别是在定义数据共享的范围、方式以及后果等方面。这些协议应明确各方在数据共享过程中的权利与责任，同时设定解决争端的机制。例如，各国可以通过签订双边或多边的数字货币使用协议，明确各自在数据保护和共享方面的义务及责任。

尽管国际监管合作在构建中存在诸多技术和法律的挑战，但其重要性不言而喻。随着数字人民币等数字货币越发普及，并逐渐成为全球支付与交易的一部分，完善国际法律合作框架将成为推动全球数字经济健康发展的关键。而在这个过程中，跨境数据共享与隐私保护将是核心的讨论主题，需要各国监管机构、国际组织和技术开发者共同努力，寻找平衡点，以保证数字货币交易的安全性和个人隐私的不可侵犯性。

因此，对于数字人民币的国际法律监管合作而言，构建一个均衡、高效且能够保护个人隐私的国际监管合作机制，对于确保数字货币的健康发展和广泛接受至关重要。这不仅有助于提高跨境交易的透明度和安全性，还能促进国际贸易和经济合作的深入发展。而在面对这一全球性挑战时，国际社会需要通过积极的对话与合作，共同制定出一套有力的策略和措施，以应对数字货币时代带来的各种复杂问题。

四、技术标准的统一与兼容

在数字人民币国际法律监管合作的背景下，技术标准的统一与兼容是实现全球数字货币系统互操作性和安全性的关键因素。当前，不同国家和地区在数字货币的技术应用与发展方向上存在显著差异，这不仅涉及技术层面的选择，如区块链技术的不同架构与算法，还包括数据保护、用户隐私、交易速度与成本等方面的标准。因此，构建一个有效的国际监管合作机制，确保技术标准的统一与兼容，对于促进数字人民币的国际化与全球金融市场的稳定运行具有重要意义。

全球范围内技术标准的统一并非一件容易的事情。它涉及复杂的技术详情、利益博弈，以及监管思维的转变。国际上的主要经济体都有自己关于数字货币的发展计划和监管条例，如何在保持各国监管自主性的同时推进技术标准的统一，是一项挑战。为了解决这一挑战，可以从以下五个方面着手。

（1）建立国际性的标准化组织或利用现有的国际组织平台，如国际电信联盟（ITU）、国际标准化组织（ISO）等，来协调和制定全球统一的数字货币技术与安全标准。这些组织可以成为不同国家之间沟通和协调的桥梁，有助于解决技术和政策的分歧。

（2）加强跨国研发合作和信息共享是技术标准统一的重要支撑。各国可以通过共同研发项目、研讨会以及培训等方式，来促进知识和技术的交流与传播。这不仅能够加速技术的革新，也有助于形成广泛认可的技术标准。

（3）对于技术标准的实施与监管，需要构建一个具有强制力的国际法律框架。这涉及如何在不损害国家主权和保障本国金融市场安全的前提下，实施有效的国际监管。这一框架应该提供足够的灵活性，以适应数字货币技术快速发展的特点。

（4）为了确保技术标准的兼容性与实用性，国际合作还需关注用户体验和市场接受度。技术标准的制定不应仅停留在技术性或理论性的讨论，更应考虑这些标准实施后对普通用户的影响。因此，包括各类用户在内的广泛参与和反馈，对于形成切实可行的国际技术标准至关重要。

（5）着眼于长远发展，国际合作应该设有灵活的调整与更新机制，以便能够及时反映技术发展和市场变化的需要；而数字货币技术的迅猛发展可能会使原有的标准迅速过时。因此，一个有效的监管合作机制，应该包括对标准定期的评估和必要的调整。

通过这种全方位的国际合作和协调，可以大大促进技术标准的统一与兼容，为数字人民币乃至全球数字货币的安全、高效运行奠定坚实的基础。这不仅有助于推动数字经济的发展，也对维护国际金融市场的稳定起到积极作用。

五、合作监管框架的评估与修订

在研究和评估国际监管合作机制尤其是针对数字人民币领域的合作监管框架时，我们必须全面考虑该框架的多维度功能和调整依据。合作监管框架的建立，旨在实现跨境数字货币流通和交易的法律规范、安全监控以及风险防控，因此其有效性的评估与修订是维持框架长效运作的关键。

合作监管框架的评估，应当基于几个基本的评价标准：首先是合规性。任何监管框架都必须符合各参与国的国内法律要求及国际法原则，确保监管措施不超越法定权限。其次，操作性强。监管框架的执行应具备高效性和可操作性，以确保所有监管指令都能被迅速、准确地执行。最后，透明性也是评估监管框架的一个重要标准，相关政策、规定及其执行情况需要对所有参与方开放，确保监管过程的公正性与可追溯性。

监管框架评估过程中还需要考虑对已存在的监管实践的持续监测和反馈机制。如此设计可以帮助监管当局及时发现框架运作中的问题，并根据反馈进行必要的调整。这种动态的修订过程使得监管框架能够适应快速变化的金融技术环境和市场需求。

在修订监管框架时，一个重要方面是加强跨国数据共享与合作。数字人民币作为一种新型的数字货币，其跨境交易特性要求各国监管机构在数据共享、犯罪侦查以及反洗钱等方面有更高的协作以及技术支持。因此，国际监管合作框架的修订，应当在确保数据保护和隐私权的基础上，优化数据共享机制，确立有效的信息交换协议。

同样不可忽视的是，随着科技的不断发展和国际政策环境的变化，监管框架需持续加入新兴的技术手段以加强监管能力，如通过区块链技术提升资金流动的透明度和可追踪性。此外，监管框架的修订还应包括对监管科技的继续研发投入，如人工智能在监控异常交易活动中的应用。

为了保证国际监管合作机制的构建与实践能够有效支持数字货币的健康发展，修订过程中需要各国监管机构间的密切沟通与协作。通过建立一个包容、互相尊重的国际讨论平台，可以促进各方在监管框架修订中的广泛合作与共识形成，从而有效应对数字人民币等新兴金融工具带来的全球性挑战和机遇。

六、案例研究：成功的国际监管合作模式

在数字货币时代，国际监管合作模式显得尤为重要，其中一些成功的模式为我们提供了合作与发展的良好案例。这些模式不仅强化了跨国监管机制，也为处理日益复杂的国际金融问题提供了有效的解决方案。

欧洲银行监管合作模式堪称成功的典范，该模式通过设立统一的监管机构和框架，加强了成员国之间的监管协调与合作，有效抑制了数字货币可能引发的金融风险。例如，欧洲中央银行与欧洲银行业管理局共同推动了全区内的数字货币监管标准统一，确保了政策的一致性，并通过实时的数据共享和监控机制，加强了对跨境资金流动的监管。

美国的先进经验也值得借鉴。美国财政部下属的金融犯罪执法网络（FinCEN）采取了一系列创新措施对加密货币进行监管。FinCEN不仅制定了明

确的合规要求，强调了加密货币交易平台的反洗钱和客户身份识别义务，还与其他国家的监管机构紧密合作，通过信息共享和联合执行来打击跨国金融犯罪。

在亚洲，中国加强了在数字人民币方面的国际合作，与其他国家的中央银行及金融监管机构开展了一系列合作项目，这些活动涉及数字货币的技术交流、监管经验分享及联合研究。特别是在共建"一带一路"倡议框架下，中国积极推动数字人民币的国际化，与共建"一带一路"合作伙伴的金融机构探讨如何利用数字货币促进贸易便利化和支付系统的现代化。

国际货币基金组织和世界银行等国际机构也在数字货币监管合作中扮演了重要的角色。它们提供了一个平台，使得各国能够共同探讨和理解全球数字货币政策的影响，并对如何建立一个包容且有效的国际监管框架达成共识，使各国监管机构能够相互学习，借鉴彼此的监管技术与策略。

这些成功的国际监管合作模式为数字人民币的未来发展提供了重要的启示。它们不仅展示了监管合作的必要性，还强调了监管框架的适应性和前瞻性。随着技术的迅猛发展和全球金融市场的不断变化，这种国际合作将在未来的数字货币监管中发挥越来越关键的作用。

通过对这些成功案例的研究，我们可以看到国际监管合作机制在构建和实践中的多样性和复杂性。它们提供了处理新兴的法律与监管挑战的宝贵经验，而这些经验对于全面改进和优化数字人民币的国际监管策略是非常宝贵的。为了适应快速发展的数字社会，监管机构必须在维护金融稳定与创新间找到合适的平衡点，合作探索最佳的监管实践。这种动态的合作关系，使得全球监管框架能够在提升效率的同时保障各国金融系统的整体安全。

第三节 国际监管合作中的法律问题探讨

一、国际法律冲突与协调

随着数字人民币的国际应用范围逐渐扩展，它触及了多国法律体系、监管规范以及国际法的应用，在这些层面上的差异与冲突会不可避免地产生，并需要得到有效的解决方案以保证数字人民币的国际合规运作。

数字人民币作为一种新兴的数字货币，其属性涉及货币主权、金融安全以及跨境支付等多方面的法律问题。各国的法律系统对于传统金融工具和新兴数字资产的监管存在显著差异，法律规范的不一致使得数字人民币在国际交易中面临诸多法律挑战。例如，一些国家可能将数字货币视为货币，而另一些国家可能将其视为一种金融产品或服务，从而适用不同的法律和规则。

为了解决这些问题，国际法律协调成为必要途径。这通常涉及多国之间的法律谈判与协议，通过构建统一或相容的法律框架以降低法律冲突的风险。例如，通过多边或双边协议，明确数字人民币跨境交易的法律定位和监管要求，这不仅有助于明确监管责任，也有助于营造更加公正和透明的国际法律环境。

数字人民币的国际使用还涉及跨境数据流动等问题，数据保护与隐私权是绝大多数国家法律中的重要内容。不同国家对于个人数据的保护强度和范围存在较大差异，如何在确保交易安全与效率的同时，也尊重各国对于数据保护的法律要求，是另一个需要国际法律协调的领域。可通过制定共同的数据保护标准或认可各国之间的数据保护等级差异，寻求各方能接受的折中方案。

此外，防止数字人民币被用于非法活动也是国际法律协调必须解决的问题。洗钱、资助恐怖主义及其他金融犯罪在全球范围内被普遍禁止，但具体的法律规定与实施力度不同。国际社会需要共同制定和遵守一套更为严格的监管规则，并加强监督与执行机制，以确保数字人民币不被用于非法渠道。

解决国际法律冲突并进行法律协调不仅需要技术和法律层面的努力，更涉及国际政治、经济关系的复杂互动。在国际合作中必须考虑各国的经济利益、政治意愿与法律传统，这些因素往往会深刻影响协调进程的效率与成效。

在数字人民币的国际法律冲突与协调问题上，国际组织如国际货币基金组织、世界银行等可能发挥关键作用。通过这些国际组织制定国际规则，不仅可以提升规则的普遍性和权威性，还能为解决国家之间的利益冲突提供一个中立的平台。

二、数据隐私与保护在国际合作中的法律问题

数据隐私与保护的核心问题在于如何在确保数字人民币顺利运行和用户便捷性的同时，保护用户的个人信息不被非法使用和泄露。数字人民币的设计应采用

高标准的安全技术保障措施，如使用复杂的加密技术，以确保数据传输的安全性和数据库的防护能力。此外，在用户身份认证过程中，可以利用匿名或伪匿名技术减少对用户个人信息的需求，并通过技术手段控制信息的访问权限，以最大限度地降低隐私泄露风险。

在国际层面上，数据隐私和保护的法律问题尤为复杂。不同国家和地区对于个人数据保护的法律规定差异显著，这对于数字人民币的国际应用构成了挑战。例如，欧盟的《通用数据保护条例》对数据保护的要求极为严格，数据的跨境传输需符合相应的标准。因此，在进行数字人民币的国际推广时，必须考虑到这些国家和地区的法律要求，确保数字人民币系统在设计和运营过程中，能够符合目的地法律规定的数据保护标准。

解决这一问题的一个方案是建立国际协议或者参与多边框架，以协调不同国家在数据保护方面的法律标准。通过这些国际合作框架，可以为数字人民币的跨境交易和操作提供统一的数据保护标准，减少法律冲突，并提升用户对数字人民币系统的信任程度。例如，可以借鉴国际金融交易中已经建立的数据保护协议和实践，结合数字货币的特点，制定专门针对数字货币交易的数据保护标准和规范。

此外，监管机构在制定相关政策和措施时，要深入了解技术的最新发展，并适时调整法律规定以适应新技术对数据保护的影响。此外，应提倡透明度和责任制，确保个人数据的处理活动可以受到有效监控，并对违反数据保护规定的行为实施严格的制裁措施。这不仅有助于保护用户隐私，也有助于提高数字人民币作为安全支付工具的公众形象和信任度。

通过上述措施和国际合作，可以有效地解决数字人民币在国际使用中面临的数据隐私与保护的法律问题。这将是推动数字人民币国际化进程的关键因素，也是确保其长期成功和可持续发展的重要支撑。因此，数据隐私与保护在数字人民币的国际法律监管合作中，必须给予高度重视并采取综合性措施进行管理和协调。

三、数字货币跨境交易的法律挑战

数字货币跨境交易在国际经济活动中的增长迅速，尤其是数字人民币作为一种新兴的支付方式，其跨境交易潜力巨大。然而，这种新型货币体系在全球范围内带来的法律挑战也不容小觑。这些挑战主要体现在监管协调性、法律适用性、反洗钱和反恐融资规定，以及数据保护等方面。

在监管协调性方面，不同国家和地区对于数字货币的监管态度和法律框架差异显著。例如，有些国家可能已经建立了较为完善的数字货币监管体系，其他国家则可能还在探索阶段。这种差异造成了跨境交易在执行中可能会面临法规的不确定性和冲突。国际上缺乏统一或协调的监管标准，使得跨境数字货币交易常常涉及复杂的合规要求，增加了交易成本和法律风险。

在法律适用性方面，因为数字货币本质上是去中心化的，且多数交易可能涉及多个国家，所以确定适用法律尤为困难。在一次跨境交易中，可能涉及发起方国家的法律、接收方国家的法律，以及可能的任何中介机构所在地的法律。如何协调这些不同的法律体系，确保交易的合法性和双方的合法权益，是需要深入研究和解决的问题。

在反洗钱和反恐融资规定方面，数字货币的匿名性和跨境特性可能被用来掩盖非法资金的流向，增加了跨国犯罪和恐怖融资的风险。国际社会普遍要求金融机构执行严格的客户尽职调查和反洗钱程序。然而，在数字货币领域，如何实施这些措施，特别是如何对参与跨境交易的各方进行有效的身份验证和资金来源审查，是监管机构需要解决的难题。

在数据保护方面，随着数字货币交易数据量的激增，如何保护交易双方的个人和财务信息，防止数据泄露或未经授权使用，是必须考虑的问题。不同国家对数据保护的法律规定不同，这对跨境交易的数据处理提出了高要求。确保所有相关方面符合当地数据保护法规的同时，也需要满足国际合作中的标准和要求。

针对上述问题，国际法律监管合作显得尤为重要。各国监管机构需要通过国际合作，建立共识和标准，共同制定适应数字时代需求的法律规则和监管机制。这包括加强国际交流与合作、共享监管信息、协调反洗钱和反恐融资的措施，并共同推动数字货币交易的数据保护标准。此外，还需推广数字身份验证技术的使用，以提高跨境交易的透明度和安全性，同时降低潜在的法律和财务风险。

通过这些努力，可以在保障国际金融安全、促进经济发展的同时，为跨境数字货币交易提供一个更加清晰、更加可靠的法律环境。这不仅有助于推进数字人民币的国际化进程，也为全球数字货币市场的健康发展铺平了道路。

四、反洗钱与反恐融资法律框架的整合

数字人民币作为一种新型的法定货币形式，其特有的匿名性和跨境支付功能极大地增加了洗钱和恐怖融资的风险。在这种情况下，反洗钱与反恐融资的法律框架整合不仅需要在国内层面上确立严格的监管机制，而且要推动国际的协调与合作，建立一套有效的国际监管合作框架。

在反洗钱方面，数字人民币的监管需要通过完善的用户身份验证机制、交易记录的透明度以及跨境支付的严格监控来实现。这需要法律不断适应数字技术的发展，加强对电子钱包、交易平台等数字人民币服务提供者的监管，确保它们能够实施有效的客户身份识别程序，并有能力监测和报告可疑交易。

在反恐融资方面，法律框架整合的主要挑战在于如何在尊重用户隐私的同时有效监控和预防恐怖融资活动。这需要在国际合作中制订统一的标准和程序，如通过相互认可的监管措施和信息共享机制，使得跨国监管机构可以快速地共享信息，有效地识别和阻断恐怖分子的资金流。

国际合作在整合反洗钱与反恐融资法律框架时面临的一大法律问题是如何在不同的法律体系和监管标准下建立有效的协作机制。这需要各国监管机构在尊重各自法律和文化差异的基础上，建立起包容性强、透明度高的合作平台。此外，保护个人数据安全和隐私亦是法律框架整合中必须考虑的重要因素。在国际合作中，如何平衡监管需要与个人隐私权的保护，是每一个参与方都需要面对的问题。

随着数字人民币的国际化趋势，反洗钱与反恐融资框架的整合还必须考虑第三国的法律影响和国际法的适用。例如，某些国家可能由于经济制裁、政治因素等原因，对数字人民币的接受程度和监管标准存在显著差异。在这种情境下，国际法律监管合作必须能够灵活调整，以适应不断变化的国际政治经济环境。

五、知识产权保护在数字人民币应用中的法律问题

数字人民币系统，作为一个复杂的技术集成，涉及众多的软件、算法和其他技术解决方案。这些技术成分包括底层区块链技术、加密算法、交易协议、安全协议以及用户界面等。

区块链技术作为数字人民币的支撑技术，有大量的创新点和专利申请。例如，区块链数据结构设计、共识机制、加密技术、智能合约等均可能被视为知识产权的对象，可以通过专利保护技术创新。因此，必须确立和维护清晰的知识产权策略，保护开发者和使用者的合法利益，避免技术被非法复制或者滥用。

软件和数据库的著作权是数字货币领域中常见的知识产权类型。数字人民币的运行依赖于复杂的软件系统和庞大的数据支撑。这些软件系统处理用户信息、交易数据，以及与货币发行和管理相关的数据。在这种情况下，软件和数据库的著作权保护成为防止未授权使用和复制的关键。这不仅包括程序代码，还包括用户界面设计和数据库架构。

　　不同国家和地区在知识产权保护方面的规定和标准存在差异，在数字货币领域这种差异可能导致监管和法律实施难度加大。例如，一种由中国企业持有专利的区块链技术若要在欧盟或美国市场应用，需符合当地的知识产权保护法规和业务实践。这种跨境的知识产权保护和技术应用问题需要通过国际法律合作和协议来解决，以促进技术的全球交流与合作。

　　此外，针对知识产权的侵权诉讼在数字人民币的应用中可能会成为常态。随着技术的广泛应用和商业化，侵权行为可能造成重大经济损失和市场混乱。因此，建立高效且公正的法律审查和裁决机制显得尤为重要。这涉及专利审查的透明度、诉讼过程的公正性以及判决结果的执行力等方面。

　　数字人民币涉及的技术开发和应用场景广泛，知识产权保护在其中发挥着基础性的作用。因此，相关政策制定者和法律实施者需要密切关注技术发展动态，设计合理的知识产权保护策略，同时强化国际合作，以确保数字人民币系统的安全、稳定和高效运行。这不仅是一个国内法律问题，更是一个涉及多国法律和国际关系的复杂议题。通过国际合作，在保护知识产权的同时推动全球金融科技的健康发展，是数字时代下的重要任务。

六、国际税收法律问题与合作

　　随着数字人民币的发展和广泛应用，其对国际税收法律问题提出了新的挑战和需求。国际税收法律问题涉及跨国交易中税务权益的划分与合作，尤其是在现代数字货币体系中，更需明确税收责任与归属的具体规定。数字人民币交易的匿名性和跨境特性，使得原有的税收管理方式面临诸多挑战，国家间需要加强合作，共同建立适应数字货币特性的国际税收法律框架。

　　数字货币的使用极大地便利了跨境交易，但同时也给国家税收监管带来不小的困难。数字人民币作为中国人民银行发行的数字货币，其具有法定货币的地位，但在国际交易中的税收问题却不容忽视。传统的国际税收法律主要针对实物货币的跨境流动和转移进行规定，数字货币的流动性和隐匿性则使得侵蚀税基和利润转移的风险加大。此外，数字货币可能被用于规避来源国和居住国的税收，这要求国际社会前瞻性部署，制定相应的对策和规则。

在此背景下，如何确保数字人民币的税收合法合规，成为国际税收法律合作中的重要议题。要有效地解决这一问题，需要构建多边税务信息自动交换的机制，通过合作增强透明度，打击税收规避行为。例如，可以参考经济合作与发展组织推出的全球共同报告标准（CRS），建立类似的国际框架，要求各国金融机构披露账户持有者的相关信息，以此作为税收征管的参考。

此外，针对数字人民币可能带来的跨境电商交易的增多，国际社会可以考虑制定统一的电子交易税收政策，减少法规不一导致的税务争议。需要特别注意的是，既要保障各国的税收权益，又要避免过度税收，抑制数字经济的发展，还需要在国际税法制定中增加对数字人民币支付交易特性的重视，针对性地制定相关税收政策与法规。

实行数字人民币的税收法律合作还需考虑技术支持的完善，如通过区块链技术来追踪交易记录，确保交易的真实性和完整性，为税务机关提供有效的监控工具。同时，区块链的数据保护和隐私权问题也须在国际法律框架中有所体现，找到技术监管与个人隐私权保护之间的平衡点。

在进一步深化国际税收法律合作的实践中，各方面的信息沟通和技术对接至关重要。国际组织、各国政府以及相关私营部门应建立常态化沟通机制，分享信息，共同优化监管策略。通过建立高效的国际合作模式和执行机制，可以更好地应对数字人民币带来的新挑战。

七、争端解决机制在国际监管合作中的作用

数字人民币涉及的国际争端解决通常涉及诸多层面，包括交易安全性、用户隐私保护、跨境支付以及反洗钱规定等方面。各国法律和监管体系的不同在实际操作中可能导致解读和应用上的冲突，此时，一个公正、高效的争端解决机制便显得至关重要。

在建设国际争端解决机制时，首先需考虑的是机制本身的法律框架与国际的接轨度。以数字人民币为例，由于涉及多国法域，其争端解决机制需要能够兼容不同国家的法律系统和国际法规。这要求制定一套能反映国际响应和挑战的同时，也要考虑到适应地方法律具体实践的体系。如此，可以通过设计一个包含国

际法律专家的仲裁团来确保解决方案的国际性和中立性。

争端解决机构的组成和操作也是影响机制效率的关键因素。该机构应该包括法律、金融和技术专家，以确保对数字人民币交易的各个方面都能有深入的理解和专业的判断。同时，争端解决的程序必须简便快捷，以应对数字货币领域快速变化的需求，确保双方在最短时间内获得公正的处理结果。

争端解决机制中的透明度是保障所有参与方信任的基石即争端处理的每一步都需记录并向相关方开放。透明的流程不仅有助于提高处理效率，也能减少误解或信息不对称导致的额外冲突。

争端解决的法律基础需要不断适应国际金融市场的变动和数字货币技术的发展。随着数字人民币等数字货币的普及和技术的不断进步，相关的法律和监管需求也会发展。因此，争端解决机制需保持一定的灵活性，能够快速适应法律环境的变化，同时确保解决方案的前瞻性和创新性。

对于处理跨国交易争议，多边机构和协议的作用不容小觑。例如，国际货币基金组织和世界银行等国际组织可以在构建和维护一个全球性的数字货币争端解决机构中起到核心作用。通过这些国际组织制定的框架和指南，可以提升各国在处理争端时的一致性和公正性，这对于维护国际金融秩序至关重要。

争端解决机制的成功实施将依赖于国际合作的深化与各国间法律监管合作的增强。只有在保持各自监管独立性的基础上，才能通过有效的国际合作，共同应对数字人民币所带来的全新挑战。这种合作不仅需要法律制度的互相配合，更需要技术和管理层面的协调，以确保数字人民币能在全球范围内安全、高效地流通和使用。

第八章
数字人民币的未来展望与建议

第一节　数字人民币的发展趋势预测

一、全球宏观经济因素对数字人民币发展的影响

在当今全球金融体系中，各种宏观经济因素都在对各国货币政策、贸易关系及金融市场产生了深远的影响。特别是对于新兴的数字货币，如我国的数字人民币，全球宏观经济因素更是其发展趋势的关键驱动力之一。数字人民币作为一种由中国人民银行发行和监管的数字货币，其发展不仅受国内政策和经济环境的影响，同时还受国际金融市场动态和全球宏观经济状况的影响。

世界各大经济体的货币政策对数字人民币发展具有深远影响。例如，美国联邦储备系统的利率决策、量化宽松政策等可以通过影响国际资本流动和汇率波动，间接影响数字人民币的跨境使用和汇率定价。此外，欧洲中央银行、日本银行等其他主要经济体的货币政策变动也会通过全球金融市场的联动效应影响数字人民币的国际地位和价值。

全球经济增长和衰退周期同样对数字人民币的发展起着决定性作用。在全球经济增长期，各国经济活动增多，跨国交易和资本流通增加，将推动数字人民币的国际化进程和广泛应用。相反，在全球经济衰退或危机时期，如2008年全球金融危机和2019年新冠疫情引发的经济挑战中，各国可能会采取更为保守或自我保护的金融政策，这可能限制数字货币的全球流通和应用，对数字人民币的国际扩张构成挑战。

国际贸易环境也是一个不可忽视的因素。中美贸易摩擦等国际贸易摩擦可能导致货币政策的波动和国际投资者对数字货币认可度的变化。例如，如果贸易紧张导致实体经济下行，企业和消费者可能会对涉及数字人民币的跨境交易持谨慎态度，这对数字人民币的实际应用和普及产生负面影响。

另外，国际合作与法律法规的同步进展亦是关键。数字人民币想要在国际舞台上获得成功，需要与国际金融法规和标准保持一致，参与更多的国际金融监管协调。这包括反洗钱标准、知识产权保护、跨境支付系统的互操作性等方面的合作。缺乏这些国际合作，数字人民币的国际应用可能面临法律和合规风险。

二、技术创新对数字人民币功能扩展的推动

技术创新是数字人民币功能扩展的关键推动力，影响着其未来发展的广度和深度。在全球金融科技快速发展的背景下，数字人民币的功能不断丰富，促使其更好地适应现代支付系统的需求。区块链技术的引入，尤其是在增加交易的透明度和安全性方面，提供了数字人民币操作的新模式。通过在支付系统中集成区块链，可以在保障用户隐私的前提下，确保交易数据的不可篡改和可追溯，有效增强监管部门对市场的监控与控制能力。

智能合约是另一种技术，正逐步在数字人民币的实际应用中发挥作用。智能合约允许在交易双方达成协议后，自动执行合约条款，从而减少人工干预，提高处理速度并降低错误率。例如，在数字人民币的跨境支付场景中，智能合约可以实时地自动处理汇率转换、验证交易双方的资格并确保支付的即时性和准确性。此外，智能合约也可以用于提升数字人民币的反洗钱特性，通过设定算法自动筛查和报告可疑交易，强化金融安全。

随着物联网的发展，数字人民币将可能在未来实现更广泛的应用场景。例如，通过与智能设备的融合，消费者可在未携带任何物理支付工具的情况下，直接通过智能穿戴设备完成支付，这在购买交通服务、零售商品等日常活动中将变得尤为方便。此外，数字人民币还能通过物联网平台，实现自动计费和支付，如公共设施的使用费和智能家居的电费等，大大提升用户的支付体验并优化资源配置。

人工智能与大数据分析技术在数字人民币的发展中扮演提供决策支持和风险管理的角色。利用大数据分析，金融机构可洞察消费者行为，精准推送相关金融产品或服务，同时对市场进行及时的风险预估和应对。人工智能能够在处理大量

的交易数据时，实时发现异常模式，快速反应，有效防范金融欺诈行为。此技术的应用不仅能增强数字人民币系统的安全性，也能提升监管效能与市场透明度。

未来，随着技术的不断进步和创新，数字人民币的功能将进一步拓展。例如，通过进一步研究和开发，我们可能看到高度个性化的支付解决方案出现，满足用户更为多样化的支付需求。同时，随着全球数字货币天平的不断调整，数字人民币的国际化也可能得到进一步推动，通过与其他国家和地区的数字货币的合作，提高国际贸易的效率并降低成本。

三、用户接受度与市场渗透率预测

数字人民币自推出以来，其用户接受度与市场渗透率成为评估其成败的关键因素之一。用户接受度体现了数字人民币在公众中的接受程度、普及速度以及使用普及性。市场渗透率则关注数字人民币在不同经济领域和层面上的应用广度和深度。这些指标直接影响着数字人民币的功能发挥和长远发展。

在用户接受度方面，多个因素共同作用于其增长和变化。社会的整体数字化水平是一个重要的基础条件。随着智能手机和互联网技术的普及，大众对于数字产品的接受和使用能力有了显著提升。此外，政府对数字人民币的政策推广和法规支持也至关重要。政府不仅需要通过宣传教育增加公众的知晓率，还需通过立法等方式为数字人民币的使用提供法律保障和便利条件。

市场渗透率的提升则依赖于数字人民币在各行各业的有效集成。金融机构是关键的合作伙伴，需要银行和其他金融服务提供商推动数字人民币的实际应用，如设置更多便民的数字人民币交易渠道，开发与之相关的金融产品和服务。同时，企业和商户的积极参与也是不可或缺的一部分。例如，零售业通过接受数字人民币支付，可以提高消费者的使用意愿和便捷程度，进而加速其市场渗透进程。

在预测未来的发展趋势时，可以看到几个可能的增长动力和挑战。技术创新将持续为数字人民币的应用提供新的可能性。区块链等底层技术的优化进展，可以更好地保障交易安全、提高处理效率。此外，国际合作的拓展也将是推动市场渗透的一个重要方向。随着全球经济的互联互通，数字人民币在国际贸易中的使用潜力巨大，相关的国际规范和协议的建立将是关键步骤。

然而，挑战同样存在。一方面，数据安全和隐私保护始终是用户关注的焦点。如何在保障便利性的同时，确保用户信息的安全和隐私得到保护，需要不断探索和解决。另一方面，市场的不确定性和经济的波动也可能影响用户的接受度和市场的渗透率。例如，在经济下行期，消费者可能更倾向于传统的保存与支付方式，对新兴的数字货币持观望或保守态度。

在做出合理的政策建议方面，建议政府部门加强与技术研发企业的合作，推动技术进步与创新，以提高数字人民币的功能性和交易安全性。同时，加强对公众教育和信任的建设也是提高用户接受度的关键。在市场渗透方面，政府可以进一步优化数字人民币的法律与政策环境，激励更多的商企接纳数字人民币支付。此外，通过国际合作，积极参与全球数字货币规则的制定，可以为数字人民币的跨境应用和国际影响力的提升打下坚实基础。

四、监管政策与法规前瞻性的调整

随着数字经济的快速发展，数字货币已经成为全球金融体系的一个重要组成部分，而数字人民币作为中国推动的一项创新项目，其法律和监管框架的建设与完善，对确保其顺利发展具有决定性作用。

随着技术的进步和市场的变化，监管政策和法规的调整将围绕几个关键点进行：加强数字人民币的法律地位确定、优化数据保护与隐私安全、提升跨境支付的监管合作，以及增强监管框架的灵活性和前瞻性。

首先，关注数字人民币的法律地位。法律地位的明确将为数字人民币的运用提供基础性的保障，对于防止法律空白造成的市场不稳定和法律冲突至关重要。预计监管机构会通过修订现有法律或制定专门的法规来明确数字人民币的法律属性和使用范围，包括其在支付系统中的合法性、税务问题的处理以及与传统货币兑换的法律界定。

其次，关注数据保护与隐私安全。在数字货币的操作过程中涉及大量的个人交易数据，如何确保这些信息的安全，防止数据泄露和滥用是监管机构必须面对的重要问题。未来的监管政策必须与国际数据保护法规接轨，制订严格的数据处理规范和透明度标准，同时加强对数据使用的监控和审计，确保用户的隐私和信息安全得到有效保护。

再次，关注跨境支付的监管合作。随着数字人民币在国际交易中的使用愈加频繁，如何在保证国家金融安全的同时，促进国际贸易自由化和支付便利化，成为一大挑战。预期将建立更多的国际合作机制，通过与其他国家和地区的监管机构合作，制订统一或者兼容的监管标准，简化跨境支付程序，同时加强反洗钱和反恐融资等国际合作。

最后，关注监管框架的灵活性和前瞻性。在这一点上，监管政策需能够适应市场的快速变化和技术的持续革新。监管机构应当采取更加开放和包容的态度，建立动态的监管机制，不仅要及时响应市场变化，还要预防和应对潜在的风险和挑战。例如，可以考虑设立专门的数字货币监管沙箱，用以测试新政策和技术的实际效果，从而在不牺牲监管质量的前提下，推动创新发展。

通过上述措施，可以预见一个更加成熟、安全的数字人民币法律与监管环境的建立。这不仅将促进数字人民币在国内外的广泛接受和使用，也将为我国乃至全球的金融安全带来更多的保障。监管政策与法规的前瞻性调整将使数字时代下的货币发展日臻完善，也将为全球经济的稳定发展贡献重要力量。

五、数字人民币与其他数字货币的竞争关系

数字人民币基于中国人民银行的权威背景和强大的政策推动，与比特币等非国家背书的数字货币相比，在法律地位和监管的合法性上具有天然优势。中国政府对于数字人民币的开发与推广持续投入资源，力图构建完善的监管框架和政策环境，确保其在国内的流通能够在严格的法律框架下进行。这种模式有效地减少了市场的不确定性，增强了用户对于使用数字人民币的信心。

在技术方面，数字人民币采用了双层运营系统，将中国人民银行与商业银行的职责分开，旨在通过技术创新来促进服务优化并降低成本，同时保持货币发行与管理的严格监控。这一体系与其他数字货币（如比特币）采用的去中心化模式截然不同，后者虽提供了更广泛的自由度和匿名性，但也导致了监管难度增大与交易安全的风险。

在市场接受度方面，数字人民币作为法定货币的数字形态，其使用跨越了日常购物、公共服务缴费等多个方面，逐步融入人们的日常生活。与之相比，其他数字货币（如以太坊、比特币）等虽在某些圈层内具有较高的接受度，尽管其投资和炒作的市场属性更强，但缺乏数字人民币那样的官方支持和广泛的流通环境。

另外，国际合作与竞争也是评估数字人民币与其他数字货币竞争关系的关键因素。数字人民币的推出是中国响应全球数字货币潮流与国际数字经济竞争的举措之一。在一些国际舞台上，其他国家或地区的数字货币项目，如脸书（Facebook）的Libra（现名Diem）也显示出跨境支付等功能的强大潜力，这对数

字人民币构成了直接的竞争压力。因此，中国需要在维护数字人民币的国内优势的同时，加强与其他国家在数字货币领域的合作，在不断变化的国际金融环境中稳定自身的货币地位。

随着技术的不断发展和全球数字货币治理机制的逐步建立，这种竞争将可能带来更高效、更安全的数字交易环境。数字人民币需要继续强化其技术优势、扩大国内外的影响力，并在国际规则制定过程中发挥更积极的作用。同时，对于风险的控制和对新兴问题的应对策略也需不断优化，以确保在激烈的国际竞争中维护和增强自身的竞争力。

六、跨境支付与国际合作的机会与挑战

数字人民币作为中国官方推出的数字货币，其发展与应用在世界范围内引起了广泛关注。其中，跨境支付与国际合作是数字人民币发展中的重要方面，不仅关乎中国货币政策和国际贸易的发展，同时也带来了若干挑战与机遇。

在跨境支付方面，数字人民币提升了支付的效率和安全性。传统的国际支付需要经过复杂的中介服务机构，包括各种银行及金融机构等，这不仅增加了交易成本，还延长了交易时间。数字人民币通过区块链技术实现了交易的可追踪与验证，极大地提升了交易的透明度与安全性，同时降低了跨境交易的成本，提升了支付系统的整体效率。

然而，数字人民币在跨境支付中的应用也面临法律与合规的挑战。不同国家和地区对于数字货币的法律态度和监管政策差异显著，如何在遵守各国法律规定的同时推动数字人民币的国际化，需要中国与其他国家密切合作，协调立法与监管框架。此外，考虑到数字货币可能被用于洗钱和资助恐怖主义等非法活动，如何加强国际监管合作，确保数字人民币不被用于非法目的，便成为推动其跨境应用必须解决的问题。

在国际合作方面，数字人民币的推出为中国与其他国家在数字货币领域的合作提供了新的可能。中国可以与其他国家共享数字货币开发的技术和经验，推动建立国际数字货币的交易和监管标准。这种技术与政策层面的合作不仅能推动数字货币技术的发展，还能加强国与国之间的金融联系，推动全球金融市场的稳定与发展。

然而，国际合作也面临着诸多挑战。首要挑战是如何在保障国家金融安全的前提下，推进国际合作。数字货币的特性决定了其可能会影响传统货币政策的实

施和国家金融安全，各国在推动数字货币国际合作的同时，必须考虑自身的经济安全与政策自主性。此外，由于缺乏统一的国际法规与合作框架，各国在数字货币的监管力度、技术标准等方面的差异可能会造成合作的障碍。

第二节　完善数字人民币法律监管体系的建议

一、加强立法工作与政策指导

数字人民币作为一种新兴的法定数字货币，其合法性、监管体系和政策指导的完善是保证其健康发展的关键。随着数字经济的高速发展，传统的货币监管机制面临新的挑战和压力，这就需要我们在立法和政策上做出相应的调整和完善。

在立法方面，需要明确数字人民币的法律地位。立法应明确规定数字人民币的发行、流通、监管等，包括数字人民币的发行机构、发行限额、交易记录的法律效力等。此外，针对数字人民币可能引发的法律问题，如反洗钱、反恐融资、个人隐私保护等，立法也应提供明确的法律指引。

在政策指导方面，中国人民银行及相关金融监管机构需要制定一系列具体的政策措施，以引导数字人民币的健康发展和合理使用。这包括加强数字人民币的交易监控，制定具体的反洗钱和反恐融资要求，以及确保交易的透明度和用户的隐私权。政策制定应与国际标准和实践相结合，参考其他国家和地区在类似数字货币监管方面的经验，以提升数字人民币在国际金融市场中的兼容性和竞争力。

更为重要的是，立法和政策指导应注重预见性和灵活性。随着技术的不断进步和市场环境的变化，数字人民币的应用场景和技术形态可能会发生变化，这就要求我们的法律和政策能够适应这些变化，兼顾创新与安全，防止法律和政策落后于市场和技术发展。例如，可以在立法中设置一定的灵活条款，授权金融监管机构根据实际情况适时调整相关法律法规。

此外，强化立法工作和政策指导还需要建立跨部门、跨领域的协作机制。数字人民币触及金融、网络安全、商业等多个领域，这就要求在立法和政策制定过程中，各相关部门能够加强沟通和配合，形成合力，提高政策的针对性和有效性。同时，还应积极开展公众教育和宣传，提高社会公众对数字人民币法律规制的理解和认识，形成广泛的社会支持。

在国际合作方面，考虑到数字人民币的跨境使用特性，加强国际法律监管协调变得尤为重要。中国应积极参与国际讨论和标准制定，并与其他国家建立数字货币法律监管的信息共享和协调机制。通过国际合作，不仅可以共同应对因数字货币带来的全球金融安全挑战，还可以推动形成国际统一的数字货币监管框架，为数字人民币在全球范围内的推广与应用创造有利条件。

结合以上几个方面，加强立法工作与政策指导显得尤为重要。通过建构明确、透明而又具有前瞻性的法律监管框架，可以有效引导和促进数字人民币的发展，同时保护用户权益，维护金融市场的稳定和安全。这不仅需要政府和监管机构的努力，更需要法律专家、技术人员以及广大公众的共同参与和支持。

二、澄清数字人民币的法律地位

数字人民币作为一种新兴的数字货币形式，虽然由中国人民银行发行，并具有法定货币的属性，但在具体的法律界定、法律适用、监管机制等方面仍存在不少模糊区域。随着技术的迅速发展和金融创新的不断深入，传统的法律框架已难以完全适应数字人民币的监管需求，因此，澄清其法律地位，确立明确的法规定义和指导原则，对于推动数字人民币的健康发展、保障金融安全和促进法律体系的完善具有非常重要的意义。当前，数字人民币的法律地位尚需在多方面进行明确定义。

首先，需要解决数字人民币与传统电子支付工具及现金的关系问题。尽管数字人民币与传统的电子支付工具（如银行卡、网银）等在使用方式上有许多相似之处，但作为中国人民银行直接发行的数字货币，其具有完全等同于现金的法定货币属性和法偿性，这一点区别于商业银行账户里的钱。因此，相关法律文本需要对这些基本的属性进行明确，以避免在实践中产生混淆或误解。

其次，需要解决数字人民币使用的个人隐私和数据保护问题。虽然数字人民币在设计上采用了"可控匿名"等技术手段以保护用户隐私，但具体到法律层面，如何在确保交易安全、防范洗钱等犯罪活动与保护个人隐私之间找到平衡点，是法律地位澄清必须考虑的问题。相关法规应明确数字人民币的数据保护责任主体，界定合理的信息采集、处理和使用的边界，制定严格的数据安全管理措施，以及在发现数据泄露或滥用情况下的应对机制。

最后，需要解决数字人民币的跨境使用问题。随着全球化经济的深入发展，数字人民币在国际贸易和跨境支付中的应用潜力巨大，但同时也引发了法域适用、防范跨境犯罪、汇率管理等一系列法律问题。因此，法律不仅需要界定数字人民币在国内的使用规范，也要考虑其国际法律地位与规则，与相关国际法律标准接轨，参与国际统一的数字货币使用规则制定，从而为数字人民币的国际化打下坚实的法律基础。

针对以上各方面的法律需求，不断完善并创新法律监管架构显得尤为重要。这需要立法和司法机关不断研究数字人民币的特性，跟踪技术演进和实际应用中出现的新情况、新问题，以动态的法律应对措施来适应数字货币的发展需要。此外，还需要加强与技术专家和金融行业的沟通，理解技术和市场的最新发展，确保法律规定能够实际操作，并有效执行。

通过这些措施，可以更好地澄清并强化数字人民币的法律地位，为其提供一个明确、稳定的法律环境，从而促进其健康有序的发展，并最终实现数字经济时代的金融安全与创新发展。

三、建立跨部门法律协作机制

数字人民币作为一种新兴的数字支付工具，其性质跨越金融、技术及法律多个领域，因此，在进行法律监管的过程中需要多个监管部门之间进行有效的协调与合作。

首先，跨部门法律协作机制的建立，要先建立一个明确的协作架构。这个架构需要明确各部门的职能与责任，确保每一个部门都能在其专业领域内为数字人民币的法律监管提供专业支持。例如，中国人民银行在制定总体货币政策与监管框架方面发挥主导作用，科技部门则专注于技术安全与数据保护，而法律部门负责制定相关法律法规以及监督执行情况。

其次，实现信息的畅通无阻也是建立法律协作机制的一大核心。在数字人民币的监管中，信息共享尤为关键。例如，关于交易数据的共享能帮助监管部门及时了解市场动态，进行有效的风险评估与管理。因此，建立一个共享机制，让金融、科技与法律部门可以实时获取并共享关键信息，将极大地提升监管效率和反应速度。

再次，形成统一的监管语言和标准是建立跨部门协作机制的另一个要点。在数字人民币这一全新的领域，各部门原有的监管标准和操作习惯可能存在差异，这往往会导致在监管实施中产生阻碍。因此，形成一套共识的监管语言和操作标准，对于提升协作效率、消除监管盲点非常有必要。这不仅需要法律层面的整合，更涉及技术与操作层面的协调。

针对跨国监管挑战，增强国际法律合作也是必不可少的组成部分。在全球金融环境中，数字人民币的使用可能涉及跨国交易和资金流动。因此，与其他国家和地区的监管机构建立协作关系，共同研讨设立国际统一的监管规则，对于维护金融稳定和防范跨国金融风险至关重要。这种协作不仅涵盖了法律法规的对接，更包括了监管科技的共同研发和应用。

在实际操作中，还应定期举行跨部门协调会议，不仅是上层管理，而且包含技术、法律、执行等多个层面的实际操作团队。通过定期的会议，可以及时解决在实际监管中出现的问题，调整监管策略，形成快速反应的监管机制。同时，这样的会议也有助于各部门间建立更为紧密的工作关系，增强团队间的信任和默契。

最后，制定专门的协作机制培训和资源支持也是至关重要的。培训计划不仅要针对新入职的监管人员，也要定期对现有人员进行新规则、新技术的再培训。此外，为了保证监管的持续有效执行，从财政和技术上为各监管部门提供必要的资源支持同样重要。

通过上述手段，可以建立一个有效的跨部门法律协作机制，为数字人民币的安全、健康发展提供有力的法律保障和监管支持。这不仅有助于推动数字人民币的内部合规性，还能加强对外部风险的防御能力，为全球数字货币的发展趋势提供我国的经验和视角。

四、更新与完善隐私与数据保护法规

数字人民币作为中国人民银行发行的数字货币，其交易特性具有高度的信息化和数字化，随之而来的是对用户隐私和数据安全的严峻挑战。目前，虽然中国在数据保护与隐私法律方面已有一定的法规体系，如《中华人民共和国网络安全法》和《中华人民共和国个人信息保护法》，但针对中国人民银行数字货币的特殊性，现行法律框架对于数字人民币的具体应用场景仍存在若干不足。

隐私保护是数字人民币法律监管体系中的一个核心问题。由于数字人民币的使用可能涉及大量的交易数据，这些数据在没有适当保护的情况下很容易被滥用，倘若个人信息被未经授权的第三方获取，可能会导致许多隐私安全问题。因此，强化个人数据的保护、限制非必要的数据收集、确保数据收集的最小化，成为必要的法规史新方向。

数据安全则是支撑隐私保护的技术和管理基础。对于数字人民币而言，确保交易数据的安全，防止数据泄露、篡改或丢失，是维护系统整体安全的前提。因此，法规应具体明确数字人民币的数据处理标准，包括数据加密技术的应用、数据访问控制，以及数据的安全存储和传输标准。

随着数字人民币的国际化发展，跨境支付和清算场景日益增多，这就要求我国的数据保护法规不仅适应国内的法律环境，还应考虑与国际法律标准的衔接。例如，与欧盟的《通用数据保护条例》对等的数据保护标准可以为数字人民币的国际应用提供法律支持，同时也有助于提升国际社会对中国数字货币体系的信任度。

在更新与完善隐私与数据保护法规时，应多维度地考量，融合技术和法律两方面的视角。例如，采用区块链技术提高数据处理的透明度，同时利用这一技术的不可篡改性增强数据的安全性。在法律条文中，可以设定关于区块链技术应用的具体规范，引导并规范技术的健康发展。

五、提升反洗钱和反恐融资监管

在现行金融体系中，洗钱和恐怖融资一直是监管最为严格的领域之一，由于数字货币的匿名性和跨境交易的便利性，这一问题在数字人民币体系中显得尤为突出。因此，建立和完善具有中国特色的数字人民币反洗钱和反恐融资机制，将对确保金融安全、维护国家安全和经济稳定发挥重要作用。

洗钱行为对金融系统稳定构成威胁，同时也可能助长犯罪和恐怖活动，因此监管机构必须采取坚决的措施来阻断这一链条。数字人民币的交易数据虽然可追溯，但如何精准有效地使用这些数据识别洗钱行为，是摆在监管者面前的一大挑战。监管部门可以通过多种技术手段，如大数据分析、机器学习等，来分析和识别异常交易行为，从而预防和打击洗钱活动。

加强跨境合作是完善数字人民币反洗钱和反恐融资监管的关键。由于数字货币交易往往不受地理界限限制，这就需要加强国际的法律与监管协调。中国监管机构需要与全球主要经济体的监管机构合作，建立一套共享的、可操作的国际规范和标准，共同打击跨境洗钱和恐怖融资行为。

在制度建设方面，需要将数字人民币纳入现有的反洗钱和反恐融资法律框架中，明确数字人民币的法律地位和监管责任，确保所有涉及数字人民币的机构均遵循严格的客户身份识别和可疑交易报告规则。此外，监管机构还应推动技术创新，如匿名交易技术的研究与开发，适应隐私保护与合规需求。

具体到运营和监控流程中，监管机构应利用数字人民币的技术优势，实时监控交易活动，建立全面的风险评估模型。此外，对于那些在反洗钱和反恐融资方面表现不佳的机构，监管者应实施严格的监管措施，例如提高违规成本、实施行业禁入或罚款等。

教育和公众意识的提升也是完善监管体系的一环。监管机构应通过教育和培训，提高公众和金融机构从业人员对于洗钱和恐怖融资风险的认识，这不仅能提高监管效率，也能构建社会各界对抗洗钱和恐怖融资的共识。

六、促进技术创新与法规适应

随着数字化技术的快速发展，尤其是区块链、大数据、人工智能等新兴技术在金融领域的广泛应用，数字人民币的发展和运用面临着前所未有的机遇与挑战。法律监管体系需要与时俱进，适应这些技术变革，确保数字人民币的稳定安全运行，同时促进技术创新。

技术创新带来的最大挑战之一是如何在没有充分法规支持的情况下进行探索与应用。数字人民币涉及的技术更新迭代速度快，而现有的法律法规往往难以与之同步更新。这种滞后性可能抑制技术创新的积极性，并可能导致监管上的盲区，带来安全隐患。因此，构建一个能够及时响应技术变化的灵活法规体系显得尤为重要。这不仅需要法律文本本身具有一定的弹性，允许在一定范围内对新技术进行试错与调整，同时要求监管机构具备前瞻性思维和技术敏感性，能够准确把握技术发展趋势和潜在的法律问题。

在促进技术创新的同时，法规的适应性也是保障数字人民币安全运行的一个关键环节。例如，区块链技术中的分布式账本特性，对于数据的保密性和交易的可追溯性提出了新的法律问题。如何在保证个人隐私的同时，利用这种技术提高交易的透明度和效率，是法规需要解答的问题。此外，智能合约等技术的应用也提出了合同法律是否需要更新的问题，以及如何界定智能合约在法律上的地位和效力、如何处理智能合约执行过程中出现的纠纷等，都需要明确的法律指引。

为此，建议在法规制定与技术创新之间建立更加密切的协作机制。政府和监管机构可以设立专门的技术法规研发团队，这个团队应当由法律专家、技术专家和行业代表组成，旨在对新兴技术进行实时监测和法规适应性分析。通过这种跨学科的合作，可以更有效地解决技术发展与法规制定之间的时滞问题，实现法规的科学制定和合理应用。

同时，还需导入更多的公众参与透明化程序。在法规制定的过程中广泛听取来自技术开发者、金融机构、消费者以及学术界的意见和建议，可以使法规更加全面和实用。此外，监管机构应当加强与国际同行的交流与合作，鉴于数字技术的全球性特点，国际协同监管将是一个趋势。这不仅可以共享监管经验，还可以在国际层面上形成统一的监管标准，对于提高数字人民币的国际竞争力和影响力具有重要意义。

以上策略的实施将有助于构建一个更为完善、高效和安全的数字人民币法律监管体系。通过不断推动技术创新并确保法规的充分适应和及时更新，能够为数字人民币提供一个稳定的发展环境，同时保障广大用户的合法权益，推动整个社会经济的健康发展。

七、强化消费者权益保护措施

随着数字货币的普及和应用，消费者不可避免地会面对新型的风险和问题，如账户安全、隐私保护、诈骗以及交易纠纷等。而有效保护消费者权益，不仅能提高消费者使用数字人民币的信心，也是数字货币能否得到广泛应用的关键因素之一。

确保消费者的账户安全是强化权益保护的基础。数字人民币的交易属性决定了其高度依赖于电子、网络技术，这就使其容易受到网络攻击、黑客侵扰或欺诈等威胁。因此，需要加强技术防护措施，如使用高级的加密技术，确保交易平台的安全防护能力处于领先状态，同时对消费者进行科学、实用的网络安全教育，提高他们自我保护的能力。

保护消费者的隐私权同样重要。在交易过程中，消费者的很多敏感信息可能会被收集和处理，如身份信息、交易记录等。这就需要严格的数据保护法规来确保这些信息的安全。例如，可以实施最小限度收集原则，仅收集完成交易所必需的信息；并且确保数据的存储、传输和处理过程符合国家标准，防止数据泄露、滥用或被未经授权的第三方访问。

对于交易纠纷的处理机制也须明确而有效。数字人民币的使用可能涉及众多参与方，包括消费者、商家、交易平台及监管机构等。一旦发生交易纠纷，应该有一个公正、高效的解决机制来处理这些问题。可以建立专门的消费者保护部门，或者设立独立的纠纷调解机构，提供在线解决争议的服务，减少消费者因解决纠纷而耗费的时间和经济成本。

针对电子支付特有的诈骗问题，必须制定专门的防范措施。诈骗方式随着科技的发展而变得日益复杂，监管部门需与时俱进，及时更新防诈骗的策略和工具。这包括进行持续的市场监测和分析，预防新型诈骗的出现，并且通过媒体和公共教育活动来增强消费者的防骗意识和能力。

定期评估和更新法律法规以满足市场发展的需要。随着技术的进步和市场环境的改变，原有的法律法规可能无法完全适应新出现的问题。因此，应定期对现有的法规进行修订和补充，确保法律体系能够全面覆盖数字人民币交易中可能出现的新情况和新问题。

通过上述措施的实施，不仅可以有效地保护消费者权益，提升消费者对数字人民币的信心和接受度，还可以维护数字货币市场的稳定和健康发展。这不仅需要政府积极作为，也需要社会公众、技术提供商和服务平台等多方面的共同努力，形成全社会共同参与的消费者权益保护网络。这种多元协作的环境将为数字人民币的长远发展奠定坚实的基础。

八、建立应急管理与风险响应体系

在数字人民币的法律监管体系中，建立一套有效的应急管理与风险响应体系至关重要。这不仅能应对潜在的金融风险，还能增强公众和市场对数字人民币的信心。要构建这样一套体系，必须涉及几个关键方面：风险识别、风险评估、风险监控、应急预案的制定和风险响应机制的快速执行。

风险识别是风险管理的第一步。对于数字人民币而言，需要识别的风险主要包括技术风险、操作风险、市场风险和法律合规风险等。技术风险指的是技术故障或安全漏洞导致的风险，如系统崩溃或数据泄露等。操作风险涉及在数字人民币的日常运营过程中可能发生的错误或失误，如人为错误或流程管理缺陷。市场风险包括由市场波动带来的影响，譬如数字货币市场的剧烈波动可能对数字人民币造成影响。法律合规风险则涉及数字人民币在不同法域操作中可能遇到的法律障碍或违规行为。

风险评估是对已识别风险进行分析，评估其可能带来的损害程度和发生的概率。在数字人民币的背景下，风险评估需要依赖于大数据分析和模型预测，通过收集和分析大量的交易和操作数据，预测可能的风险事件及其潜在影响。这种分析不仅需要在技术层面高度精准，也需要市场和法律专家的深入参与，以确保所有相关风险都能被有效预见和评估。

风险监控则要求实时或近实时地监控网络交易、操作流程和市场动态，以便及时发现异常情况并启动预警机制。在构建数字人民币的风险监控体系时，可以利用高级的信息技术（如区块链技术）保证数据的实时更新和完整性，利用人工智能技术进行模式识别和异常检测。

应急预案的制定是为了在识别风险发生后能够迅速有效地响应。针对不同类型的风险，应急预案需要明确具体的应对措施、责任人、应急资源调配和沟通协调机制。例如，在遭遇重大技术故障时，应急预案应包含技术恢复步骤、数据备份和恢复流程、客户通知策略等。

风险响应机制的快速执行对于控制和减少损失至关重要。这要求所有参与者——从技术团队到高层管理，甚至外部监管机构——都能在第一时间内获得与风险事件有关的信息并按预定计划行动。此外，这一机制还应包括对事件处理结果的事后评估，以便不断优化应急预案，提升风险管理的整体效能。

第三节　促进数字人民币合规发展的策略

一、加强法律法规的普及与教育

法律法规的普及与教育是确保技术创新与法律框架同步的关键，而对于数字人民币这样的新兴金融技术更是如此。其不仅有利于提升公众和金融从业者对数字人民币法律环境的理解，还能增强合规性操作的普及性和有效性。

数字人民币的法律法规普及可以从多个层面展开。

在公众层面，普及工作应侧重于解释数字人民币的法律地位，以及使用数字人民币的法律义务和权利。随着数字人民币的推广使用，公众需要了解其涉及的法律责任，如反洗钱和客户身份识别政策。公众教育不仅可以减少因无知而产生的法律纠纷，还可以提升公众对新金融工具的接受度和信任度。

在金融机构和从业人员层面，普及与教育的内容需要更为深入和具体。例如，详细讲解和培训有关数字人民币交易记录的保存要求、跨境支付的合规要求以及与传统货币操作不同之处的法律规定。通过定期的培训和课程更新，确保所有从业人员能够随时了解最新的法律法规变动及其对业务实践的具体影响。

在高等教育及专业培训机构层面，法学院和商学院可以开设专门的课程，针对数字货币和区块链技术的法律法规方面进行系统讲解和研究。通过案例分析、模拟审判和专家讲座等多种教学方式，加强学生对数字人民币法律问题的全面理解和批判性思考能力。

在法律法规的普及与教育过程中，还要注重利用现代技术手段来提升效果。例如，可以通过在线视频教程、互动问答平台和虚拟模拟环境等方式，使学习变得更加灵活和生动。同时，与社会媒体平台合作，制定有针对性的信息发布策略，可以有效提高普及工作的覆盖面和参与度。

政府机构在推动相关普及和教育工作时，应确保信息的权威性和准确性，及时更新政策变化和法律解释，避免市场中出现错误的解读。通过建立合作机构、整合资源和智力支持，以及与国际组织的合作和交流，可以有效提高普及与教育工作的专业性和深入性。

通过这些综合措施，将使加强法律法规的普及与教育变成可能，为数字人民币的健康发展和合规操作打下坚实的基础。借此提高整个社会对新兴数字货币法律风险的认知与应对能力，为构建透明、公正且高效的数字金融市场环境做出贡献。

二、完善数字人民币的技术安全标准

在数字经济快速发展的今天，数字人民币作为一种新型的电子货币形态，其技术安全标准的完善不仅关系到货币的稳定运行和用户的信任度，而且也是保障国家经济安全和金融稳定的重要环节。随着数字人民币应用范围的日益扩大，我们面临着严峻的技术安全挑战，这要求我们从多方面着手，制定和完善相应的技术安全标准，确保数字人民币能在保障安全的前提下顺利运行。

数字人民币的技术安全标准主要涉及以下几个关键方面：数据安全、系统安全、交易安全和隐私保护。这些标准不仅需要遵循现有的国家级法律法规，更需结合国际通行的规则，以及针对新兴技术独特的威胁和挑战进行专门设计。

数据安全是技术安全标准中的基石。数字人民币作为法定货币的电子形态，其数据安全直接关系到国家的货币政策执行和金融市场的稳定性。为此，必须采用高标准的加密技术保障数据传输过程中的安全，防止数据被非法篡改、窃取或泄露。此外，数据备份和灾难恢复机制也应高度重视，确保在任何情况下信息的完整性和可用性都能得到保障。

系统安全则涉及数字人民币运行平台的维护。需要通过严格的系统测试，确保所有使用的软件和硬件组件都符合最高安全标准。此外，应定期对系统进行安全审查和漏洞扫描，及时发现和修补安全弱点，抵御外部攻击和内部滥用的风险。

交易安全是保障用户资金安全的直接体现。数字人民币的交易需要实现端到端的加密，确保交易双方的信息和交易内容不被第三方窃取或篡改。同时，应当建立有效的反欺诈机制，如利用大数据和人工智能技术进行异常交易监测，及时预警和处理潜在的欺诈行为。

隐私保护是数字人民币设计中不可或缺的一部分。尽管作为货币的一种形态，需要满足一定的监管要求，如反洗钱和反恐融资，但如何在确保监管合规的同时，保护用户的个人隐私，是技术安全标准需特别注意的问题。例如，可以采取匿名或部分匿名的方式处理小额交易，同时为大额交易提供适当的身份验证和记录审计机制。

除了上述基础安全标准外，随着技术的发展和应用场景的变化，数字人民币的技术安全标准仍需不断更新和迭代。这要求相关立法和技术开发能够保持高度的灵活性和前瞻性，以适应数字经济高速变化的需求。

通过构建完善的技术安全标准体系，并不断调整和优化以适应新的安全威胁和技术变革，可以有效地促进数字人民币的健康发展，增强公众对数字货币的信任，同时也为全球范围内的数字货币安全实践提供有益的参考和借鉴。这不仅是一个技术问题，更是一个涉及国家战略、法律和社会治理等多方面的重大课题。只有全方位地提高技术安全标准，才能确保数字人民币在未来的金融环境中保持稳定而持久的活力。

三、促进跨部门监管协调机制的建立

建立跨部门监管协调机制首要的是明确各参与部门的职责和权力。由于各部门侧重点不同，例如，中国人民银行主要关注货币政策的实施和金融稳定，网络信息部门则侧重于数据的安全和处理问题。因此，明确每个部门在数字人民币监管中所承担的角色和责任，是确保整体监管有效性的基础。通过法律和政策明确界定各部门职能，可以避免权责不明、职能重叠或监管盲点。

建立高效的信息共享机制也是跨部门监管协调不可或缺的组成部分。在数字人民币的监管过程中，实时的信息交流与分享可以大大提高监管效率，防止违法行为发生。例如，通过建立联合数据库，各监管部门可以实时获取相关的金融交易信息和用户行为数据，对于初步识别和预防可能的风险和违规行为至关重要。信息共享还需确保在不违背个人隐私权的前提下进行，遵守相关的法律和条规。

跨部门合作制度的建立也是推动监管协调的关键所在。可以通过定期召开跨部门协调会议，形成合作工作组，专门解决跨部门在数字人民币监管中遇到的共同问题。这种制度化的合作方式有助于各部门之间建立起长期、稳定的合作关系，有助于各部门间的策略和行动的一致性，从而有效地提升整体的监管质量和效果。

在策略制定上，需要考虑数字人民币的国际性特点，跨部门监管协调机制也应当包括对外监管协调。随着数字人民币的逐步推广和国际使用，如何与其他国家的监管机构进行有效的协调和合作，成为不能忽视的问题。国际合作可以通过签署双边或多边协议、参与国际金融监管组织的活动、共享监管经验和策略、统一监管标准等方式进行。

为了确保跨部门监管协调机制能够适应数字金融发展的需求，还需要对监管政策进行持续的评估和优化。随着技术的发展和市场环境的变化，原有的监管策略可能会逐步显得不足或过时。因此，定期的政策评估和修订是确保监管有效性的重要环节。这不仅需要监管机构能够快速响应市场变化，同时也需要有能力预见未来的发展趋势，并据此调整监管策略。

四、加强和提高对数字人民币交易的监控与透明度

数字人民币交易的透明度不仅关乎国家金融安全，也是保护消费者权益的基石。因此，加强和提高对数字人民币交易的监控与透明度是推动其健康发展的关键措施。

实现此目标，需要从技术和法规两个方面进行深入探讨。

在技术层面，区块链技术提供了一个不可篡改、易于追踪的数据记录平台，这对于提高交易的透明度具有天然优势。通过将数字人民币的交易数据上链，可

以确保每一笔交易都被记录和验证，大大减少欺诈行为的可能性。此外，利用区块链的智能合约功能可以自动执行合同条款，确保交易双方的权益得到公正的保护。

在法规层面，需要制定相应的法律框架来规范数字人民币的交易活动。例如，监管机构可以制定明确的交易记录保存规则，要求所有参与数字人民币交易的机构必须实时上报交易数据，这些数据应包括交易双方的身份信息、交易金额、时间等。此外，应强化对非法交易行为的处罚措施，对于洗钱、资金逃逸等违法行为，监管部门应采取严厉的惩罚措施，从而达到威慑的效果。

同时，加强对数字人民币交易平台的监管也是非常关键的。监管部门应要求所有数字人民币交易平台都必须具备必要的资质，并定期接受监管部门的审查。交易平台应采用高标准的信息安全技术，确保用户数据的安全不被泄露。同时，交易平台应当建立健全客户身份识别和资金来源调查制度，有效防范和打击洗钱行为。

进一步地，增强消费者对数字人民币交易透明度的认识同样重要。监管部门应组织专项宣传教育活动，普及数字人民币的知识，特别是其法律法规、风险控制等方面的知识，提升公众的风险识别和防范能力。此外，消费者在使用数字人民币进行交易时，应有权随时查询到自己的交易记录和账户余额，监管机构也应建立投诉和纠纷解决机制，及时处理消费者的投诉与申诉，保护其合法权益。

五、建立健全数字人民币合规性审查制度

数字人民币合规性审查制度主要包括立法明确、审查机制、技术支持和教育培训。每一个环节都不可或缺，需要系统的规划和细致的实施策略。

制度的建立需要以明确和具体的法律为依托。这意味着国家立法机关需对数字货币的使用、流通及监管等内容制定明确的法律条文，确保每一项操作都有法律的明文规定作为支撑。例如，关于用户身份的验证、交易记录的保存、资金的清算机制等内容，都需在法律中有所涉及并明确规范。

构建科学有效的审查机制是制度完善的核心组成部分。审查机制包括对数字货币交易行为的监控、对使用数字人民币的金融机构和企业的监督等。监管机构可以借助现代信息技术，实时监控数字人民币的交易情况，一旦发现异常交易行为，应立即进行调查，并采取相应措施。此外，还应有一套完善的风险评估体系，通过对市场动态的分析预测可能的风险点，提前进行风险防控。

技术支持是推行数字人民币合规性审查制度不可或缺的一环。现代加密技术、区块链技术等，在保障交易安全和数据完整性方面起到了关键作用。监管机构应利用这些技术手段，确保信息的准确性和安全性，提高审查效率，减轻人力资源负担。

进行专业培训和普及教育也极为重要。对于所有数字人民币的操作人员、监管人员应进行必要的技术和法规培训，确保他们在实际工作中能够准确理解和运用相关法律规定。对公众的教育也不可忽视，普及数字人民币的合法使用知识，增强公众的风险意识，这是提升整体合规性的另一个重要方面。

此外，国际合作也是完善数字人民币合规性审查制度的一个重要方向。由于数字货币的跨国特性，单一国家的监管往往难以完全覆盖所有潜在的风险。因此，加强与其他国家在数字货币监管方面的交流与合作，共同制定国际规范，对于打击跨国金融犯罪、防范系统性风险等都有重要意义。

六、推动国际合作与法律协调

随着经济全球化和数字技术的快速发展，数字货币已成为跨境支付和国际金融合作的一个重要环节。数字人民币作为中国人民银行发行的数字货币，其法律地位、监管要求、跨境交易处理及反洗钱等方面均需在国际层面上达成高度一致和充分协调，以确保其在全球范围内的安全和效率。

在国际法律和监管框架中，不同国家对于数字货币的法律定义与应用标准存在差异，这对于实现数字人民币的国际化构成了挑战。因此，促进国际合作成为确保数字人民币跨境应用合规性的关键。例如，通过国际货币基金组织、世界银行等国际机构，以及七国集团（G7）、二十国集团（G20）等多边合作组织，可以推动建立统一的国际数字货币交流协议和合作机制。

合作机制的建立可以基于以下几个方面进行深化：首先，制定统一的数字货币财务监管标准，包括对跨境交易的监控、数据保护要求、反洗钱和反恐融资规定等。基于这些标准，国际可以建立起一个共享的监管信息平台，使得各国监管机构能够及时获取其他国家数字货币活动的相关信息，从而有效地控制和降低潜在的金融风险。其次，推动国际的法律制度协调对于打破监管壁垒、提高法律适用的一致性。这不仅需要各国金融监管部门的密切合作，还需要相关国家的立法机构能够就数字货币的法律地位、税收政策等核心问题达成共识，制定兼顾公平与效率的国际标准。再次，促进技术标准和基础设施的国际协调。数字人民币的技术平台需要与其他国家的数字货币系统兼容，以实现跨系统的流通与交易。这需要制定一系列跨国界的技术标准，如交易协议、数据格式、加密技术等，确保各种系统之间的高效对接与安全传输。最后，建立紧急情况下的联合应对机制。在可能出现的系统攻击、技术故障或市场异常波动等紧急情况下，各国应通过预先建立的合作框架迅速进行信息交换、协调应对策略，以维护数字货币市场的稳定。

在推动国际合作的过程中，也应考虑到发展中国家的需求和挑战。发展中国家在金融基础设施、法律体系、技术能力等方面可能存在不足，国际合作应当设计包容性强的合作模式，帮助这些国家提升数字货币实施与监管能力，实现共赢。

通过这些国际合作与法律协调努力，可以为数字人民币的全球应用创造一个更加公平、透明、高效和安全的环境。这对于推动全球金融市场的进一步整合，以及加强国际金融监管框架的适应性和韧性，具有重要的战略意义。

七、增设专门的合规培训和认证程序

数字人民币作为中国人民银行发行的法定数字货币，其规范和合规性的建设对于确保金融安全、保护消费者权益以及促进整个金融市场的稳定运行具有重要意义。尤其是在当前数字货币领域飞速发展的背景下，对从业人员进行专门的合规培训和建立相应的认证程序显得尤为必要。

合规培训旨在提供专业的知识和技能训练，使从业人员充分理解和掌握数字人民币的法律法规、风险管理机制、操作规范等关键信息。这样的培训不仅有助于提升从业人员的专业能力，而且能够有效地提高其遵守法律和规章制度的自觉性，从而更好地执行金融监管和管理职责。

针对数字人民币的特有属性和法律属性，合规培训程序应包括以下几个方面：首先是数字人民币的基础知识培训，包括其技术原理、发展历程、功能特性以及与传统货币的差异；其次是相关法律法规的解读和实务操作指南，如防止洗钱、保护用户隐私、数据保护等法律要求；最后是风险识别与管理培训，涵盖风险评估技巧、应急响应措施及合规风险控制。

建立专门的认证程序则是对合规培训成效的一种认可和标准化。通过设立官方认证，可以确保所有的从业人员都通过一定等级的培训，具备处理和管理数字人民币业务的必要知识和能力。这一认证机制不仅有助于提高整个行业的专业水平，还能为消费者和监管机构奠定信任的基础。

认证的程序应包括理论学习和实操考核，确保从业人员不仅理论基础扎实，而且能够将理论知识应用到实际工作中。此外，考虑到数字金融技术的快速变化，认证机构还需要定期更新培训内容及认证标准，以适应市场和技术的发展。

引入专门的合规培训和认证程序不仅能提升从业人员的专业技能和操作水平，更能够形成一种正向激励机制，鼓励企业和个人不断提高自身的合规意识和风险控制能力。同时，这种机制也有助于构建公众对数字人民币系统的信任，促进数字货币市场的健康和谐发展。

结合当前金融科技的发展趋势和未来金融环境的预期变化，合规培训和认证机制的建立和完善将是支持数字人民币合规发展的重要策略之一。对金融机构、从业人员乃至监管机构都将产生深远的影响，有助于提高整个数字货币行业的透明度和公信力，推动中国金融市场朝更高效、更安全、更符合国际标准的方向迈进。

参考文献

［1］李瀚琰.数字人民币试点中的个人信息法律监管［J］.财经理论与实践，2024，45（1）：152-160.

［2］沙马木牛.我国数字人民币（e-CNY）支付功能的法律规制研究［J］.商展经济，2023（24）：85-88.

［3］吴立香，张伟.强化合规意识 筑牢数字人民币风险防线［J］.中国农村金融，2023（11）：74-76.

［4］田晋雨.我国法定数字货币监管法律问题研究［D］.大同：山西财经大学，2023.

［5］王敏捷.我国法定数字货币的监管法律问题研究［D］.北京：北京外国语大学，2023.

［6］马飞，张瑞泽.数字人民币法律监管问题评析［N］.山西科技报，2023-05-09（A06）.

［7］兰惠.数字人民币的法律规制研究［D］.成都：四川省社会科学院，2023.

［8］袁曾.数字人民币创新的合规监管研究［J］.江淮论坛，2021（6）：126-133.

［9］吴仕晗，袁曾.数字人民币体系下的数据合规研究［J］.数字法治评论，2022（2）：19-34.

［10］覃俊豪.电子支付的法律监管问题研究：基于数字货币的视角［J］.电子知识产权，2022（11）：65-77.

［11］袁曾，汤彬.数字人民币跨境应用的合规监管制度构建［J］.学术交流，2022（7）：26-39，191-192.

［12］徐京平，宋歌.数字人民币赋能财政监督：从合规性走向功能性［J］.地方财政研究，2022（3）：25-34，75.